孩子的心理急救

First Aid for Your Child's Mind

如何安抚孩子的焦虑、恐惧和担忧

［英］艾丽西亚·伊顿 ● 著
美同 ● 译

北京联合出版公司

图书在版编目（CIP）数据

孩子的心理急救 /（英）艾丽西亚·伊顿著；美同译. — 北京：北京联合出版公司，2024.3
ISBN 978-7-5596-7312-1

Ⅰ. ①孩… Ⅱ. ①艾… ②美… Ⅲ. ①家庭教育 Ⅳ. ①G78

中国国家版本馆 CIP 数据核字 (2023) 第 241418 号

First Aid for Your Child's Mind by Alicia Eaton
Copyright ©Alicia Eaton,2019
This edition arranged with Practical Inspiration Publishing
through Big Apple Agency, Inc., Labuan, Malaysia.
Simplified Chinese edition copyright©2024 by Beijing Tianlue Books Co.,Ltd.
All rights reserved.

孩子的心理急救

著　　者：[英] 艾丽西亚·伊顿
译　　者：美　同
出 品 人：赵红仕
选题策划：北京天略图书有限公司
责任编辑：徐　鹏
特约编辑：高锦鑫
责任校对：钱凯悦
装帧设计：刘晓红

北京联合出版公司出版
（北京市西城区德外大街 83 号楼 9 层　100088）
北京联合天畅文化传播公司发行
水印书香（唐山）印刷有限公司印刷　新华书店经销
字数 169 千字　889 毫米 ×1194 毫米　1/16　14.5 印张
2024 年 3 月第 1 版　2024 年 3 月第 1 次印刷
ISBN 978-7-5596-7312-1
定价：39.00 元

版权所有，侵权必究

未经书面许可，不得以任何方式转载、复制、翻印本书部分或全部内容。
本书若有质量问题，请与本公司图书销售中心联系调换。
电话：010-65868687　010-64258472-800

谨以此书献给我的父亲安杰伊·奥尔森（Andrzej Olson, 1930~2018），
他告诉我们，坏事可能变好事。

引 言

我们常听说，今天的孩子比过去的孩子压力大。今天，有关恐怖袭击、气候变化的新闻满天飞，考试没完没了，网络霸凌无孔不入，这一切都让孩子们焦虑不已。我们新近迎来的"互联生活"似乎祸福参半。

即使孩子们在电脑上开心地游戏，他们的身体也会制造大量难以代谢干净的肾上腺素。这些担心和所谓的"广泛性焦虑"能迅速蔓延至生活的方方面面。

我的诊所在哈利街①。我在那里帮孩子们应对焦虑问题已经有15个年头了，所以我知道，如果不加控制，焦虑就可能造成许多负面的和长期的影响。焦虑会迟滞幼儿的情感发展，影响他们在生活各个方面的表现。焦虑会阻碍孩子交友、参加社交活动，还会影响考试成绩和潜力发挥。

讽刺的是，担心孩子焦虑已经成了父母的一大压力来源。焦虑像无形的空气一样在家里蔓延。所有人都能感觉到它的存在，

---

① 位于伦敦市中心的一条街道，集中了最负盛名的高质量私人诊所。由于只有拥有超高的学术研究能力以及顶尖的临床医学水平的人才能有资格在此开诊所，在此开诊所也就成为一种能力和地位的象征。——译者注

却没人说得清它到底是什么。我们只知道，这东西会传染。

每当有焦虑的孩子来找我时，我都能在他们身上看到一些我自己的影子，因为我知道身为一个被恐惧占据的孩子是什么感觉，知道害怕到极点是什么感觉，知道夜里听到奇怪的声音和在卧室角落看到幽暗的身影（尽管那里根本没有人）是什么感觉，也知道心脏剧烈跳动，像是要从胸口跳出来是什么感觉。因为，我的大部分童年都是这样度过的——惶惶不可终日。

我原名叫阿莉恰·奥尔谢夫斯卡（Alicja Olszewska），是一户波兰难民的女儿。我父亲在第二次世界大战期间一直生活在华沙，那时还是一个小孩子的他整天躲避子弹和纳粹士兵。战争结束后，16岁的他与母亲和兄弟一起藏在一辆卡车后面偷偷越过了边境线，最后到了英国，与在那里的我祖父团聚。我的祖父是一名波兰皇家空军军官，同时也为流亡伦敦的波兰政府工作。所以他知道，他很可能永远也回不到波兰了，而一家人能在英国团聚已实属幸运。

我父亲总是说，按道理讲，他应该已经死过好多次了。他几乎每天都徘徊在死亡边缘，可最终却活了下来。他常常好奇自己为何如此幸运。看到那座饱受战火摧残的城市满目疮痍，我也感到非常吃惊。他家的房子如今仍然矗立在那里，而旁边的一栋房子上有许多弹孔。

相比之下，我在伦敦郊区的童年生活是非常安全的，然而，我父亲的创伤后应激障碍（我们后来才知道）不仅深深地影响了他的生活，也深深地影响了我们的生活。

他经常夜里在噩梦中惊醒，大叫："当兵的来了。"我家厨房的橱柜里也塞满了整袋整袋的大米、意面、糖和面粉，这些都是战时的紧俏物资，以防万一。如果粮食储存少了，我父亲就会生气。他说，有一天战争爆发，人们都挨饿时，我们就会感谢他。我们还在阁楼里预备了防毒面具……"以防万一"。

记得有一天,他去了银行,把他的部分积蓄兑换成了金币。他说:"战争一来,黄金就会成为货币。"一枚金币可以救你的命,因为你能用它买到一条让你避免饿死的面包。他在花园深处的橡树下挖了一个大坑,把所有金币都埋了进去。

尽管父亲在一座空军基地长大,他的父亲还是一名空军军官,可他却对乘坐飞机有强烈的恐惧,因此从未坐过飞机。多年以后,每当发现我出国度假要坐飞机,他还是会非常生气,因为他总是为我们担心。然而矛盾的是,他喜欢看飞行表演,也喜欢收集喷气式飞机模型。不过,倘若听到头顶有飞机飞过,他还是会下意识地躲避。

我母亲在童年时同样遭受了创伤,她曾在西伯利亚的劳改营生活过。因此对我们家来说,"担惊受怕"是家常便饭。

小时候,父母从没带我和其他姐妹去过游泳池。那种地方是绝对不能去的,因为"水是非常非常危险的"。他们也不让我们骑自行车,因为可能会"摔死",而且就算没摔死也一定会被路过的汽车撞死!

我在5岁时患上了恐犬症。当时,我们全家去海边旅行,一条友好的拉布拉多犬向我扑了过来,兴冲冲地挠我的腿。我看到大腿流了血,就惊慌失措地跑开,而那条狗也追了上来。可是,不管我跑得有多快,它都会跑得更快。我无论如何也摆脱不了它呼出的热气和近在咫尺的喘息声。我越是尖声大叫,它也越是大声狂吠。

我花了30多年才把每次遇到狗时的恐慌情绪控制住。

在我成长的20世纪70年代,狗在街上自由溜达是很平常的事,所以短短15分钟的上学路程,我可能要花上一个小时。我用奇特的"之"字形方式走路，因为每当看到有狗走近，我都要横穿马路到对面去。那时候，伦敦周围还经常出现恐怖分子的炸弹，于是母亲警告我们，千万不要靠近信箱，"以防它爆炸！"，这就让我们去学校的路途变得更加漫长。

所以，我知道害怕是怎么一回事，知道噩梦是什么样子，也知道恐慌是什么感觉，因为我就是在它们的陪伴下长大的，我的绰号就是"胆小鬼"。我知道恐惧可以让人变得多么胆小，也知道它会让我们的生活失去多少色彩。

我的焦虑一直伴随着我，直到成年。而且，让我感到非常不便的是，我还产生了对乘坐电梯和地铁的恐惧，连按时上班都成了问题。哦，还有，我也开始怕黑……怕坐飞机（显然，这是被我父亲说怕的），怕蜘蛛……你应该明白我的意思了。

恐惧是一种不同寻常的奇怪情绪。尽管长年饱受创伤后应激障碍的困扰，我父亲却并不是一个腼腆害羞的人。他很张扬，希望充分享受人生的每一刻，这是他在战争中学到的东西。毕竟，你永远不知道生命会在何时走到尽头，所以你只能把每一天都当作最后一天来过。而且，那个看到墙角的蜘蛛就会惊慌失措、大喊大叫的他在经营自己的公司时却魄力十足，那是一家非常成功的大型电子企业。人们常常猜测，他是否只是"运气好"，但我们知道他能成功的真正原因——他愿意去承担那些大多数人都会回避的风险。他当然觉得自己很幸运（不然他还能靠什么躲过那些子弹和炸弹呢），可他的恐惧也以一种奇特的方式为他赢得了巨大的成功。直到86岁，他才停止全职经营他的公司。

开始接受临床催眠治疗和神经语言程序学的培训后，我开始了解恐惧和焦虑的形成原因，以及更重要的，如何治疗它们。我欣喜地发现，人在一天内摆脱对蜘蛛或蛇的恐惧是完全可能的。通过学习控制身体的反应，一个原本见到家里有蜘蛛就会尖叫的人或许只需几个小时就能去抚摸狼蛛，拥抱蟒蛇，并且不会感到不适。

我已经把三个孩子养大成人，我知道父母们有多不愿意把他们的恐惧和焦虑传给下一代。我们下意识地想让自己强大起来，去保护孩子，把他们培养成自信和勇敢的人。我们想让孩子成为自信、快乐和成功的人，而不希望他们长大后成为像我们一样的胆小鬼。我们希望他们比我们强，不是吗？

通过多年的临床实践，我发现很多父母都在隐藏自己的恐惧，害怕被孩子知道，这种情况极为普遍。所以，你一旦做了父母，原有的恐惧就可能进一步放大。因为你开始意识到，你可能必须得去处理自己的焦虑了。也就是说，你要么"面对你的恐惧"，要么承担把恐惧传给孩子的风险。这件事让你惴惴不安，不是吗？

父母们带孩子来找我的时候，他们说的第一句话往往是，**"我真的很怕把我的焦虑传给孩子。"** 他们没有意识到，就在他们当着孩子的面说这番话的时候，他们已经在这样做了。我们在孩子身边所说的话能改造孩子的潜意识，就像我父母改造我的潜意识一样。

我幸运地走进了神经语言程序学和催眠疗法的世界，它们帮我摆脱了焦虑，让我学会了更加放松地呼吸。

现在，我很想让别人也能通过学习来获得同样的改变。在这本书里，我将告诉你怎样帮助孩子克服恐惧和焦虑……以及（悄悄地告诉你）如何解决你自己的问题。一旦了解了焦虑产生的原理和应对焦虑的有效方式，你就会发现，原来生活可以如此舒心和安宁。

你将从这本书里学到：

- 恐惧和焦虑的区别；
- 文字和语言如何影响我们的想法、感受和行为；
- 对焦虑的孩子该说什么，不该说什么；
- 怎样运用神经科学领域的最新成果来掌控情绪；
- 处理焦虑情绪的前沿心理学技术和疗法。

相信我，焦虑症是绝对可以治疗的。所有人都能学会如何帮孩子认识到，恐惧和焦虑多半只是感觉。而好消息是，感觉是很容易改变的。

目 录

第1篇 基础知识

第1章 焦虑是什么

焦虑……是我们对尚未发生的事情的反应。焦虑的严重程度在很大程度上取决于我们的想法……只要想得多了，焦虑就会加重……好消息是，焦虑并不难对付……

　　焦虑与恐惧的区别　/4

第2章 孩子的大脑是如何工作的

本章将介绍大脑接收和处理信息，进而形成想法的过程（想法反过来又会产生感受，进而影响我们的行为）。你将会看到，掌握这一知识将能让你更有信心应对孩子的焦虑情绪……

1. 视觉：我们的心理图像　/13
2. 听觉：我们的自我对话　/16
3. 触觉（动觉）：我们的躯体感受　/17

第2篇 成功解决孩子心理问题的方法

第3章 营造家庭氛围

要让焦虑的孩子说出心里的想法可能并不容易……不

过，你可以采取一些积极的措施来为全家人营造宁静的家庭氛围……

清理杂物 /21

调整饮食 /22

嗅觉 /23

运动 /23

宠物 /24

多笑笑 /25

假扮游戏 /25

布置愿景板 /26

音乐 /27

控制电子设备的使用 /27

第4章 我们来谈谈

帮助你的孩子克服焦虑的关键是确保他有正确的画面来关注，而这在一定程度上取决于你在孩子身边使用什么样的语言或词句……接下来，你就该与孩子谈谈焦虑这件事了，以便你们能一起想方设法去解决问题……

表达情感 /29

怎么说才有用 /31

1. 说你真正想要的东西，而非你不想要的东西 /32
2. 想一想 /36
3. 强调改变 /36
4. 永远不要"努力"做任何事 /37
5. "越来越" /39
6. 制造成就感 /40
7. 共情 /40

8. 孩子惊慌时说什么 / 41

家庭会议 / 42

 谈什么 / 43

 讲出问题等于解决一半 / 44

 让孩子开口的技巧 / 45

 多久讨论一次 / 46

 在哪里讨论 / 46

第 5 章 辅助工具

  要让儿童用一个数字来为他们的症状评分，这会困难很多。这时，我一般会换用一套表情图标来代替数字……制定一份有明确目标的行动计划将会非常有帮助……用记录"成功日志"的方式来跟踪进展是很好的做法……

测量量表 / 49

明确目标 / 50

奖励系统 / 52

做记录 / 53

第 3 篇 心理急救的策略与技巧

第 6 章 我们来放松一下

  放松可以有许多种形式。你可以通过先动后静来放松肌肉……对于较小的孩子来说，学习放松的过程还可能充满乐趣……

呼吸技巧 / 60

 吹气 / 60

 正念其实很简单 / 62

蒙台梭利安静游戏　/ 66

第7章　心理感觉疗法

　　心理感觉疗法是一类最新的心理治疗工具……这些技巧对遭受过校园霸凌或网络霸凌的孩子特别有用……我们要做的是抓住这些疗法带给我们的机会窗口去解决问题，并且要快……

思维场疗法（敲击疗法）　/ 73
　　敲击疗法联手积极话语　/ 76
　　敲击疗法应急简化版　/ 77
避风港技术疗法　/ 77

第8章　引导式视觉化疗法

　　本章将介绍神经语言程序学等引导式视觉化疗法……它已经成为最有效的心理疗法之一……学习神经语言程序学能让你更好地掌控自己的想法，进而更轻松地调整情绪，改变行为……

关于神经语言程序疗法（NLP）　/ 81
改变心理图像　/ 82
改变可怕的画面　/ 84
控制音量　/ 86
停止按钮　/ 89
把感受调转方向　/ 92
和解练习　/ 94
心锚　/ 98
　　建立其他心锚　/ 102

增强自信 / 103

畅想未来 / 106

第4篇 付诸实践

第9章 担忧

我们很容易把担忧当作轻微的焦虑，或是某种无须重视的东西……如果孩子对那些从未发生、将来也不大可能发生的事情产生了疑问或担忧……你可以借助下面的这些措施来帮助自己轻松应对……

提升适应力 / 115

应对消极思维 / 117

积极思考 / 119

第10章 怯场、试演与面试

你的孩子是不是在浴室里像个小明星一样又唱又演，可真到了表演的时候却又百般忸怩？我们都希望孩子能有自信，不是吗？但我们首先要想想什么是自信——自信与自尊有什么区别，拥有自信的标志是什么……

14岁的汉娜 / 122

　第1步：思维场疗法（敲击疗法） / 123

　第2步：现在就停止脸红 / 123

　第3步：重新定义自己的感受 / 124

　第4步：把感受调转方向 / 125

　第5步：建立自信的心锚 / 125

第11章 恐惧症：怕狗

本章将介绍我帮助伊玛妮克服对狗的恐惧的过程，但你也可以遵循同样的步骤来解决孩子因为其他负面经历而产生的恐惧……

8岁的伊玛妮 / 128
 第1步：渐进式脱敏 / 129
 第2步：应对消极思维 / 130
 第3步：思维场疗法（敲击疗法） / 130
 第4步：改变可怕的画面 / 131
 第5步：建立自信的心锚 / 131
 第6步：畅想未来 / 131

第12章 恐惧症：怕蜘蛛，怕蛇

令人惊讶的是，许多原本听到"蛇"这个字眼就会吓得发抖的参会者此刻不仅敢去摸蛇，不少人甚至还敢把蛇拿起来缠到脖子上……

14岁的卡梅伦 / 134
 第1步：思维场疗法（敲击疗法） / 135
 第2步：改变可怕的画面 / 136
 第3步：催眠 / 136
 第4步：避风港技术疗法 / 137

第13章 怕医生、怕打针、怕细菌

没有人喜欢去看医生，但你一定要提醒自己，在这个时候，你就是孩子的主心骨。你的哪怕一丝焦虑也会大大影响孩子的感受。而你流露出的自信越多,孩子的感受就会越好……

    怎么说才有用 / 139

    信　息 / 140

    转移注意力 / 141

    怕细菌 / 141

  8岁的维贾伊 / 143

    第1步:避风港技术疗法 / 143

    第2步:呼吸技巧 / 144

    第3步:引导式视觉化疗法 / 144

第14章　拒绝上学

很多时候,孩子拒绝上学看似事发突然,甚至毫无预兆,但实际上,这个念头很可能已经发酵了一阵子,直到焦虑积累到孩子无法忍受的程度才爆发出来……

  9岁的利亚姆 / 148

    第1步:认清现实 / 148

    第2步:呼吸技巧 / 149

    第3步:思维场疗法(敲击疗法) / 149

    第4步:怎么说才有用 / 149

    第5步:敲击疗法联手积极话语 / 150

    第6步:渐进式脱敏 / 150

    第7步:把感受调转方向 / 151

    第8步:回到学校 / 152

    第9步:和解练习 / 153

第15章 霸凌

儿童遭遇霸凌的长期影响不容低估。这里的霸凌行为可以是涉及人身伤害或恐吓的肢体霸凌；可以是借助语言攻击和侮辱他人的语言霸凌；可以是……幼时遭遇过霸凌的成年人往往会罹患心理疾病，导致人际关系受损，收入降低，甚至导致肥胖……

14岁的伊索贝尔　/156

第1步：思维场疗法（敲击疗法）　/158

第2步：清除消极的画面和自我对话　/158

第3步：提升适应力　/158

第4步：建立自信的心锚　/159

第5步：引导式视觉化疗法　/160

第6步：畅想未来　/161

第16章 考试压力

大多数人都害怕考试，而且与以往相比，今天的孩子们还要应对更多的考试……即使是学习好的孩子也会因为考试而焦虑不已……虽然真才实学很重要，但一些细小的方面也能影响考试的成败……

你的孩子是哪种类型的学习者　/165

17岁的基娅拉　/166

第1步：和解练习　/167

第2步：停止按钮　/168

第3步：畅想未来　/168

第17章 旅行焦虑：怕坐飞机

要是你家还有个患有旅行焦虑症的孩子，那么旅行生活还会成为所有家人的梦魇……

7岁的泽维尔 / 171
 第1步：应对担忧 / 172
 第2步：布置愿景板 / 173
 第3步：引导式视觉化疗法 / 173
 第4步：渐进式脱敏 / 174
 第5步：思维场疗法（敲击疗法） / 175

第18章 睡眠问题

本章将介绍如何帮助夜里做噩梦和害怕"床底下的怪物"的孩子……如果你也是必须守在孩子身边直到他们睡着的众多父母中的一位，本章的建议将会非常有用……

养成良好的睡眠习惯并长期坚持 / 177
保持卧室整洁 / 178
房间是否太亮 / 178
杜绝电子产品 / 179
怎么说才有用：假设问题已经解决 / 179
11岁的埃米莉 / 180
 第1步：做记录 / 180
 第2步：思维场疗法（敲击疗法） / 181
 第3步：引导式视觉化疗法 / 181

再补充一点
致 谢
成功日志

第1篇

基础知识

第1章

焦虑是什么

英国防止虐待儿童协会（NSPCC）儿童热线服务的最新数据显示，因焦虑和精神健康问题而寻求帮助的儿童数量急剧上升，甚至连许多4岁幼童也出现了惊恐发作、饮食障碍、焦虑和抑郁的症状。

据称，仅在过去三年当中[①]，英国学校为寻求专业心理服务所转介的学生就达到了12万人次，其中56%来自小学。也就是说，在2017—2018学年，学校平均每个教学日转介的学生多达183人次。

许多专家将这一现象归咎于学校考试增多、受社交媒体影响攀比压力增大、离婚率上升和家庭财务状况恶化。除此之外，我们此刻也生活在一个新闻全天候播报的社会当中，每天都有源源不断的信息进入我们家中。一会儿是城市中心街区或游人如织的海滩遭遇恐怖袭击，一会儿是音乐会现场发生自杀式爆炸，一会儿又是山火失控。在这种资讯环境下，想要防止孩子接触恐怖事件的详细情形已经变得越来越困难。

[①] 本书原版出版于2019年。——译者注

在这些极为悲惨的事件发生时，我们往往会发现，我们根本不知道该如何向孩子解释这些压力事件。我们究竟应该保护他们不受这类恐怖事件的影响，还是应该用开放的态度去谈论它们？还有，当我们自己尚且无法完全消化这些悲剧的时候，我们又如何帮助孩子去理解这些悲剧？

儿童的焦虑水平迅速上升，这并不奇怪，但讽刺的是，担心孩子焦虑反倒成了广大父母失眠的常见原因。即使孩子们只是在家里"开心"地玩电脑游戏，他们的体内也会产生大量无法得到充分代谢的肾上腺素。这些担心或者说"广泛性焦虑"，可以迅速蔓延至生活的方方面面。

焦虑与恐惧的区别

焦虑是我们在压力事件发生前的感觉。换句话说，它是我们对尚未发生的事情的反应。焦虑的严重程度在很大程度上取决于我们的想法。对于即将发生的事情，只要想得多了，焦虑就会加重。大多数父母都会同意，我们会莫名其妙地为一些事情而担心得要死，可最后的结果往往远好于我们当初的想象。

恐惧是我们在面临实际危险时的感受。你可能听说过"战斗或逃跑"反应。这是人体的自主神经系统的反应，它能刺激肾上腺分泌多种激素，例如，肾上腺素和去甲肾上腺素。这些激素能增加心率、血压和呼吸频率，为你应对危险情形提供急需的能量。如果你确实处于危险当中，需要快速逃跑，那么这一反应是非常有用的。但是，我们的身体还没有进化到把灰熊的攻击与另一些不太严重的威胁（例如，身处拥挤的超市和在路上堵车），甚至仅仅是想象中的危胁（例如，在电视或电脑游戏上看到的威胁）区分开来的程度。

这一自动反应或许需要长达60分钟才能平复。而且，如果这些化学物质不再为我们所需要，它们就会在我们的身体里累积，让我们进入消耗状态。这些激素不仅对我们的身体有负面影响，还能让我们误以为身体处在"警戒状态"，进而孳生更多的焦虑念头。理所当然，大脑会为身体的应激反应寻找理由，找不到就凭空制造，让我们对未来产生一连串的焦虑念头。接下来，这些念头还会再次激发自主神经系统的恐惧反应，让身体分泌应激激素，继而促使大脑继续去寻找相应的理由，如此恶性循环。

好消息是，焦虑并不难对付。一些心理治疗师已经开始把焦虑看作心理"创伤"的常见结果，而非某种"障碍"，因为一说到"障碍"，我们就会联想到那些迁延日久、只能去"忍受"的慢性病。可实际上，许多心理创伤已经能够治愈，不会拖成大问题。

因此，就像孩子的身体会磕着碰着一样，孩子的心理也会遭遇一些"磕碰"，这是很正常的事。

我们已经习惯于关心身体的健康。想想你上回身体抱恙时（例如，肚子不明原因疼痛，或者扭伤了脚踝）做了什么。大多数人首先会上网查询，这么做是有道理的，因为我们知道网上有能让我们加速康复的实用建议。

可一谈到心理的健康，情形就完全不同了。我们的社会在整体上依旧对"心理问题"讳莫如深。在我们看来，处理这类问题的最佳方式要么是缄口不言，要么是咨询专业人士。但即便是后者，我们也不太确定该去找哪种类型的专业人士。这种退避的态度让许多人陷入了与焦虑和恐惧的苦斗，被它们以各种方式捆绑手脚。

背负焦虑生活可能会导致严重而长期的后果，孩子的焦虑可能会加重，而非大了就不焦虑了。焦虑可能会迟滞孩子的情感发展，影响他们在生活所有方面的表现。焦虑会阻碍孩子交朋友，参加社交活动，还会影响考试成绩和潜力发挥。更糟糕的是，自小就受困于焦虑和抑郁的人很可能会把问题带到成年之后。

孩子压力大、焦虑可以有许多种表现：

- 比过去更喜欢吃甜食和零食。
- 不愿参加社交活动或去朋友家做客。
- 学习吃力，成绩下降。
- 无法集中注意力或听从指示。
- 失聪或耳鸣。
- 持续担心，没完没了地问不存在正确答案的问题。
- 做噩梦，难以入睡。
- 尿床。
- 吸吮拇指，咬指甲，抽动和结巴。
- 烦躁不安，脾气暴躁。
- 发怒，与兄弟姐妹争吵。

大多数父母都会承认，每当谈到帮助孩子处理焦虑和担忧情绪时，他们总是感到力不从心，"不知道该说些什么"。这一点也不奇怪，例如：

- 怎样既解释了关于恐怖袭击和爆炸的新闻报道又能不吓到孩子？

- 如果孩子在电视上看到有大楼着火并因此而做噩梦，你该如何跟孩子聊这件事？
- 如果孩子怕牙医，怕打针，怕狗，怕蜘蛛，甚至怕吃蔬菜，你该怎么做？
- 如果孩子坚信自己一进考场就什么都忘了，你该怎么帮助孩子？

提示：说"别担心"没有用。

要想成为名副其实的成年人，孩子需要经历"适应"的过程，它是人类相比于动物的一大优势。人类之所以能适应环境，是因为我们在出生时尚未完全成型，我们需要很多时间来长大。假如你把一只刚出生的长颈鹿抱到北极，它一定活不了多久，因为它长不出毛茸茸的保暖外套。

可是，如果把人类的婴儿从英国抱到日本，那么只需短短几年，他就能讲出流利的日语，而且没有任何口音，因为他有适应环境的能力。

孩子的大脑是开放的，随时准备吸收眼前的一切。可以说，孩子处于"清醒的催眠状态"，父母所说的话、所做的事都会影响孩子的大脑。

这一"适应"过程非同一般。幼儿一边利用身边的环境来成长，一边也成为它的组成部分。只要生活在社会里，孩子就能不知不觉地吸收当时当地的文化，以及社会的价值观和态度。

在许多年前，这一"适应"过程比现在简单得多，因为那时的生活更简单。如果孩子不只受本地环境的影响，还受全球环境的影响（这主要是因为互联网），那么孩子适应起来就会困难许多。

对今天的孩子来说，选择和机会变多了，于是改变生活的可能性也增加了。孩子们得知，"你能做你想做的任何人。"可那个人究竟是什么样子？"人生不设限，追逐梦想"这话确实励志，可它或许也会给人带去一种挥之不去的无力感。

一位小学老师最近告诉我，她班上的孩子长大后要么想成为视频网红，要么想成为足球明星。他们经常读到某个青少年一夜暴富的消息，所以这并不令人吃惊。这位老师告诉孩子们："一定要想个替代方案，以防万一。"

很少有人能得到奥运会金牌或奥斯卡奖，因为这非常困难。所以，虽然我赞成鼓励孩子拥有自信，活出自己，但这个总是用极少数杰出人士（或者拥有模特般相貌和身材的人）来衡量成功的社会只会助长焦虑和失望。

拥有朋友、家人、稳定的工作和些许爱好的"美好"生活或许平平无奇，但这正是适合大多数人的生活，并且往往是获取幸福的关键。

相比从前，今天的孩子们或许有了更多的选择和机会，但在不经意间，竞争也已经变得空前激烈，因为他们的成长环境已经是整个互联网。

在几代人以前，父母不仅传给孩子传统和宗教信仰，还传授孩子各种技能，好让他们做好劳动的准备（几代人很可能从事同样的劳动）。那时的人们不常谈论社会流动——几乎从出生那刻起，你的生活就被规划好了。我确信没人想回到那个时代，可如果你把那个确定的世界与今天的孩子们努力去适应的变动不居的环境比较一番，你就不会奇怪焦虑普遍存在了。

面对众多的选择和道德考量，你该如何找准自己的位置？例如，你该停止吃肉，成为素食主义者甚至纯素食者吗？全球变暖可以阻止吗，还是为时已晚？我经常听到有人对孩子们讲，他们这代人要找到应对气候变化的方法，否则世界就会灭亡！他们看到朋友们怀疑自身的性取向甚至性别，于是开始琢磨自己是否也该这样做。这一切变化太快，难怪有那么多孩子很难放松下来。

在20世纪70年代，英国只有三个电视频道，所以，1976年才会有3000万人坐在电视机前观看圣诞日节目。那时候的圣诞节，商店关门，教堂开放，所有人都观看女王的演讲，午餐吃烤火鸡。那种人与人之间的亲密如今已很难再现，因为即使所有家人都在同一幢房子里，他们也会在不同的房间里过各自的生活。

大多数人都会同意，选择太多意味着麻烦，而非方便。我在附近超市做了一个小调查，最后吃惊地发现，货架上居然有255种茶。这还只是茶，我还没去数咖啡！那种问你要茶还是要咖啡、加糖还是不加糖的日子已经一去不复返了。

路过销售清洁用品和卫生卷纸的货架时，我被各种优惠组合搞得晕头转向——我该选"买两包送一包"，还是"七五折"量贩装，抑或"直减2英镑"？这阵势足以让你的大脑转不过弯。难怪我们经常能在收银台看到有顾客为此大为光火。

过多的信息和选择会导致犹豫和焦虑。记住，一旦我们的大脑感知到压力或威胁，"战斗或逃跑"反应就会启动。各种激素的激增或许能为我们躲避迎面驶来的汽车提供能量，但"高度警戒"的大脑也很难去关注寻常的事物。看看电视问答节目中的那些参赛者，一旦激素分泌太多，他们的大脑就会一片空白，连最简单的问题都回答不出。

多年来，我在哈利街的诊所里接诊了几百个孩子，他们的问题各不相同：怕马桶、怕蜘蛛、怕鲨鱼、怕考试、奇怪的强迫念头、不停做噩梦、不敢当众讲话，以及由紧张引发的习惯和抽动。成年人的问题也一样五花八门。我接诊过的成年来访者里有害怕高大植物的，有害怕拉链的，也有害怕香蕉的。

尽管表现各异，这些问题都有一些共同之处。我们的大脑和身体总是遵循特定的结构和模式来处理焦虑，展现下意识的恐惧反应。

虽然我们或许无法理解，为什么有的人会那么害怕看上去不值一提的东西，但要知道的是，"思考"也能制造出货真价实的感受，这一点很重要。恐惧和焦虑的躯体感受来自思考过程的结构和机制，而非思考的对象。

在临床工作中，我经常综合使用积极心理学、认知行为疗法、正念疗法、心理感觉疗法、催眠疗法和神经语言程序学等领域的各种治疗技术。我将在这本书里详细介绍我帮助来访者摆脱恐惧和焦虑的过程。

阅读过后，你就能采用我的策略和技巧来让你的孩子进入更平静、更快乐、适应力①更强的状态了。而一旦有了这样的状态，你的孩子就能更加轻松地应对日常生活中的压力了。哪怕你只是换一种方式说话，你也可能改变孩子内心的感受。而且，正如所有父母都知道的那样，如果你的孩子得到了更多的快乐，那么你也会感到更放松，更快乐。

---

① 又译心理韧性、心理弹性、复原力、回复力、抗压力、抗逆力等等。——译者注

第2章

孩子的大脑是如何工作的

在这一章里，我将介绍大脑接收和处理信息，进而形成想法的过程（想法反过来又会产生感受，进而影响我们的行为）。你将会看到，掌握这一知识将能让你更有信心应对孩子的焦虑情绪。

至少在6岁前，幼儿的各种感官都处于发育阶段。在这期间，一些孩子会饱受感官遭遇过度刺激的困扰。陌生的味道和气味可能会让孩子强烈厌恶某些食物，而巨大的噪声和拥挤的场所也可能会让孩子不堪其扰。有的孩子不喜欢衬衫领口对皮肤的刺激，有的孩子则讨厌袜子总是从腿上滑落。不过，还有一些孩子却完全不介意自己的衣服乱成一团或沾满泥巴。

据估计，我们的神经系统每秒都会从外界接收大约200万比特信息[1]。在这样的"信息轰炸"下，我们的大脑别无选择，只能将信息过滤或浓缩，也就是我们所说的**删减**、**歪曲**和**归纳**：

删减：由于收到信息太多，我们不得不把它们删减到我们能

---

[1]Mbps，全称为 Million bits per second，意为每秒传输百万位（比特）数量的数据。——译者注

够处理的大小。由于这一过程充满了随机性,所以我们可能会在不知不觉中丢掉重要的信息片段。于是,我们经常听到两个人为了过去说过或没说过什么而争论不休,一人坚持自己说过,另一人却一口咬定没有听到。很多时候,他们说的都是对的。

歪曲:我们对事物的理解可能会好于或坏于实际的情形,因为我们只接收与我们的感受相一致的信息。也就是说,我们的大脑常常会为了支持已有的想法而去寻找特定的证据。例如,如果你觉得路上有很多红色的汽车,那么接下来,你很可能还会看到更多红色的汽车,以此来支持你的这一感受。如果你认为晚上的聚会会很无聊,那么你很可能会不幸言中,因为你会下意识地搜集证据来支持你的想法,只关注聚会无聊的一面。

归纳:为了使我们不必每次都重新学习,我们的大脑会做出归纳来加快我们的反应速度。例如,一旦你学会了骑某辆自行车,你就可以把这一技能迁移到你未来遇到的所有自行车上,因为它们的工作原理几乎完全一样。这样一来,你就不必从头学起了。这一"走捷径"的做法非常有用,但有时也会给你带来困扰。例如,遭遇过一只恶狗可能会让你害怕所有的狗。

经过删减、歪曲和归纳后的信息就是你的**内部表述**(internal representation)。

随后,我们还会为接收到的信息添加带有个人印记的"诠释"。由于人的**信仰**、**价值观**和**过往经验**各不相同,这一"诠释"会千差万别。因此,对于同一事件,两位目击者眼里的"真相"可能相当不同,这并不奇怪。

警察在收集证词时经常遇到这种情况。同一起交通事故的 5 名目击者可能会讲述 5 种"真相"。在大多数情况下,这种"歪曲"并非有意为之。例如,假如某位目击者在一周前刚遇到过车祸,仍旧惊魂未定,那么他对当下这起事故的感受就会存在偏差。或许,他对某辆汽车车速的指认会远远超出事实。可是在他眼里,"事实"就是如此,这是可以理解的。

所以,电影散场后,有人认为片子无聊透顶,有人却深受触动。

每个人眼里都有不同的"真相",此类情形,你肯定已经见怪不怪了!

我们的神经系统每秒所迎来的200万比特信息被我们的5种感觉接收,即视觉、听觉、触觉(动觉)、嗅觉和味觉。随后,我们又会把这些信息转化为我们的想法。

这里的重点是视觉、听觉和触觉(动觉),因为它们是我们平时最依赖的感觉。我们的想法主要是由画面、声音和感受组合在一起的。

1. 视觉:我们的心理图像

虽然我们能用眼睛观察周围的事物,但我们也能在脑中构造出特定的画面或心理图像。在思考和说话的同时,我们也在不断地构造画面。不过,这些画面可能只是在我们脑中一闪而过,所以我们或许根本不会注意到它们。

回答练习

逐一回答下面的问题,回答前先思考片刻。为了取得更好的效果,你可以大声讲出你的回答,或者把回答写下来。

1. 你今天早餐吃了什么?
2. 法国的首都是哪里?
3. 你梦想中的度假胜地是哪里?
4. 你最近一次用手机打电话是打给谁?
5. 你的下一餐打算吃什么?

在思考自己该如何回答时，有的人会看到画面，但有的人兴许会看到一个词。例如，在回答第二个问题时，有的人或许会看到埃菲尔铁塔、法国国旗或牛角面包，而有的人或许会看到"巴黎"一词，它可能是彩色的，也可能是黑白的。

　　我们的心理图像不仅能左右我们的感受，还能影响我们的行为和最终获得的结果。这就像是我们的身体把这些画面当成了未来的行动指引，或是我们在某种力量的驱使下最终得到我们在脑海中看到的东西。

　　了解这一点是非常重要的，因为这些画面掌管着我们的恐惧。美国的一项研究表明，高达87%的人对潜伏在床底下的"怪物"感到恐惧，并且因为害怕被吃掉而拒绝把脚露在被子外面睡觉。[1]

　　我很想知道，他们当中有多少人经常在上床前检查床底下有什么。只是知道（并且寻找证据来证明）床底下没有怪物并不足以消除恐惧。如果我们借助想象在脑中构造出了可怕的画面，那么我们的身体就会开始对它做出反应，仿佛这一画面是真实存在的一般。我们的身体无法区分真实的画面与想象的画面。

　　回想你最近一次在电影院或电视上看恐怖片的情形。即使你确定影片是虚构的，你也无法阻止自己心悸，手心出汗，头皮一阵阵发麻。有的人甚至会大声尖叫。这是你对你在屏幕上看到的画面的自动反应。

　　你需要意识到你脑中的那些画面，并且学着去操控它们，这么做能帮助你掌控焦虑情绪。

---

[1] 数据源自英国全国睡眠舒适度协会（National Association of Sleep Comfort and Coziness）。——作者注

看到脑中的画面

我知道,有些人坚持认为他们无法看到脑中的画面,但这样的人非常少。绝大多数人都能通过想象看到画面,只是我们不常这样做而已。

鼓励孩子看到大脑中的画面是非常有用的,这么做能提升孩子的学习效率,特别是阅读和拼写。我经常告诉孩子们,这有点像学习"默读"。刚开始学习阅读的时候,我们要大声读出字母和单词。到 6 岁左右,老师常常会开始要求我们"不出声地"读。我仍然记得老师要求我这样做时的感觉,我觉得"在心里"读是一件非常离奇的事。直到最终掌握默读后,我才发现这是可以做到的。我们也可以用同样的方式来教孩子看到大脑中的画面,并且学着去调整那些画面。

如今,一些心理学家建议为低年级学童(特别是存在阅读障碍的孩子)开设心理图像课。在我们大声拼单词的时候,我们其实就是先在脑海里"看到"单词,接着再把这个词大声拼出来。

例如,用这一方式来拼"helicopter":

- 看着远处,大声地、缓慢地把它拼出来。
- 现在,再次大声地把它拼出来,但是要倒着拼。

倒着拼或许看起来更难,但是只要你发现你在脑海里看到了这个词,那么倒着拼就不会比正着拼更难,因为你所做的不过只是看着读而已。

有些孩子需要"看向"前方远处才能注意到自己的心理图像。对于这样的孩子,让他们看向窗外或许会有帮助。如果你的孩子在学习方面有些吃力,你就要确保孩子的书桌没有面向墙壁摆放，这么做或许会有用。

小时候，我们常常听到老师对学生说："不要一直看天花板，上面又没有写答案！"可是，他们错了，答案很可能就在"上面"。如果你的孩子解不出题目，那么我会建议你鼓励孩子去看天花板，看看这么做是否有用。低头看桌子上的纸会缩小"视野深度"，显然不利于孩子找到灵感。

如果你愿意，你还可以去看看电视问答节目里那些参赛者们的表情。在思考答案的时候，他们常常会向上看，有时是左上方，有时是右上方，这取决于他们从大脑的哪个部分检索信息。有的人则会直直地看向高处的天花板。

也许你对这一点已经有所体会，例如，有人问起你家孩子的出生日期、你家的地址或电话号码时，你往往会自动看向前方，也许还会稍稍看向高处。虽然我们要找的信息并不在那里，但是就"感觉"而言，它确实像是在那里。

2. 听觉：我们的自我对话

我们不仅整天都有画面在脑中闪过，我们还能听到各种声音。你的脑海里可能正在播放一段音乐，也许是你最喜欢的一首歌。你脑海里响起的也可能是你自己的声音，例如，对自己"说"，下班回家路上需要去商店买哪些东西。你脑海里的声音也可能来自他人，例如，过去的某场争论，或是他人的某句赞美——脑海里有这样的声音是很好的。

如果一个人完全听不到脑海里的对话，那也是很正常的，因为生活一忙，我们就容易忽视它们。现在停下来，在心里问自己："我的自我对话在讲些什么？"这时，你就会听到自己心里在说些什么了。

实际上，我们的脑中有各种各样的话语，有的积极、乐观、快乐，有的消极、悲观、痛苦，是不是这样？我们的脑海里还会有一个甚至几个听上去完全不像自己的声音，它们像是来自其他人，例如，你的母亲或父亲，或是你过去的某位非常严厉的老师。他们都住在你的脑子里，渴望与你交谈，或是想要告诉你该做些什么。

有些声音和话语还能为我们脑中的想法增添一些别样的气息，让我们产生焦虑，例如下面这些：

- 那是什么声音？
- 你听到什么了吗？
- 我好像听到衣柜里有东西在动。
- 我听到外面有人在哭，我确定。
- 我刚刚听到有脚步声，我觉得有人在楼上走动。

坐在篝火旁听鬼故事时，有多少人不会感到毛骨悚然？人并非一定要有画面提示才会感到害怕，我们听到的东西（不论是奇怪的响声还是人的说话声）也可以有同样的作用，例如，一听到别人讲鬼故事，你就会迅速脑补出可怕的画面来适配。

由于这个原因，我也会教你如何掌控你脑海里的声音。

3. 触觉（动觉）：我们的躯体感受

想想我们在焦虑时的所有感觉和感受。你可能会感到肚子不舒服，手脚麻木，心跳加速，两腿绵软无力。不适的感觉既可以从头顶游走到脚趾，也可以反过来，从脚趾向上游走。有些人也会有偏头痛或胸闷气短的表现。

  人体有能力习惯，即，我们对刺激的反应会随着时间的推移而减弱。想象你刚刚从游泳池边跳下去。一开始，你可能会感到非常寒冷，可是过不了多久，你的身体就会习惯水的温度，忘掉水的寒冷，是不是这样？

  同样地，如果我反复去踩你的脚，你会感觉到疼！但如果我站到你的脚趾上保持不动，片刻过后你就不再会感到疼痛了。

  这一现象能帮助我们理解，在我们体验到焦虑的躯体感受时，那些感受一定是不断游走或轻微变化的。它们不是静止不动的，因为倘若如此的话，我们很快就会习惯，不再注意到它们。

  如果你能清楚地觉察到你身体的哪个部位有不舒服的感觉，并且能意识到它们游走的方向，那么你就能改变这些感觉。

第2篇

成功解决孩子心理问题的方法

第3章

营造家庭氛围

正如我在这本书的开头所提到的,焦虑会传染。它可以像一种无形的气体那样在房子里飘荡,影响遇到的每一个人。不用说任何话,所有人都能感觉得到,情况有些不对劲。

虽然沟通是件好事,但我知道,要让焦虑的孩子说出心里的想法可能并不容易。幼儿可能意识不到自己的感受,也找不到词来形容,而较大的孩子,特别是青少年,则可能不愿承认他们害怕,或者不愿向你敞开心扉。

不过,你可以采取一些积极的措施来为全家人营造宁静的家庭氛围,补上沟通的短板。下面是我的一些建议:

清理杂物

如果房子不整洁,你就会很难找到东西,结果总是搞得匆匆忙忙或是迟到。你的压力和火气都会增大,你的孩子也是如此。这时,你就需要把家里整理一番,例如,在墙上安装一些挂钩,给储物的箱子和架子贴上不同颜色的标签。花点时间告诉孩子，从现在开始，什么东西要放到什么地方。设置一个"失物箱"，定期把家里的零碎物品归入其中。一旦有东西找不到，孩子就能立刻明白这样做的好处。

为了帮助孩子保持卧室整洁，你可以在房间最整洁的时候拍一张照片，并把照片贴到墙上，用作孩子整理房间的实用参照。

调整饮食

请注意，有些食物会提升孩子的压力和焦虑水平，引发情绪波动。应该多吃的食物有粥、糙米、全麦面包、鱼、火鸡、鸡肉、干酪、豆类、坚果、水果和各种蔬菜。你可以把杏仁粉和燕麦片混在一起，加入植物油、肉桂粉和枫糖浆，做成配料，撒在水果馅饼上给孩子吃。

其他有益情绪的食物有富含硒元素和维生素E的巴西栗、富含欧米伽3的三文鱼等多脂鱼、含有活菌的优质酸奶、南瓜、亚麻籽和没有过度成熟的香蕉。

最新研究表明，抑郁和情绪低落可能与大脑中的炎症有关。如果你家的青春期孩子有这类症状，你就可以去咨询医生、营养师或自然疗法治疗师，他们能为孩子安排血检并提出建议。

规避毒素也很重要，最重要的就是咖啡因和糖。你的孩子或许既不喝茶也不喝咖啡，但是，能量饮料中含有大量的咖啡因。小心糖对身体的刺激性影响，它能让人产生类似焦虑的震颤感。别忘了果汁和冰沙中的天然糖分——为了健康，今天的孩子们所吃的水果数量已经远远超过先前的世代。超市一年四季都为我们提供杧果、菠萝和草莓。英国政府也建议我们每天吃5个水果，所以孩子们吃掉的水果要比从前多得多。

嗅觉

嗅觉直接与杏仁核相连，后者是大脑的情绪中心。你可以在你家里增添一些有助静心的气味，但要避免使用化学合成产品，例如，廉价超市里售卖的蜡烛和气雾剂，它们当中含有有毒化学物质，对人体有害。你可以考虑下面这些气味：

- 茉莉花、佛手柑和柑橘的气味能让人感到心旷神怡。
- 薄荷、肉桂和迷迭香对注意力容易分散的人很有好处。
- 薰衣草和洋甘菊有助眠作用。
- 薰衣草和迷迭香植株适合放在家里各处，特别是浴室，因为水汽能让香味更加浓郁。
- 尽量在浴室里使用天然手工皂。这类皂更有益于环境，因为含有石油成分更少。孩子在洗手时也能从天然手工皂的香味中受益。
- 在紧张的考试期间，我常常会特意为孩子们烤苹果派。虽然有时不是我亲手做的，但只要苹果派从烤箱里拿出来，那种观感和气息就能在相当程度上给孩子带去抚慰，让所有人露出笑容。

运动

身陷焦虑时，我们的身体会产生大量的肾上腺素和皮质醇，这些救命的化学物质是用来帮助我们逃离或对抗危险的。如果你的孩子花很多时间瘫坐在沙发上玩电脑游戏，那么你就可以确信，来自游戏的刺激也会让孩子体内产生同样的应激物质，给孩子带去类似焦虑的紧张和无力感。如果这些激素所动员的能量没有用到该用的地方，例如躲避危险，我们的身体就会把它们转化为脂肪，储存在腹部，特别是肝脏附近。如今，儿童的肥胖问题越来越严重。我十分怀疑，祸端之一就是这些没有用掉的能量。

鼓励孩子多做运动十分必要。在运动当中，孩子们不仅可以把身体不需要的应激物质代谢掉，他们的身体还能产生快乐激素——内啡肽。

研究表明，花更多时间在大自然中进行户外活动的孩子不仅更安静、更快乐，而且睡得更踏实，学业表现也更优秀。

生活中，我们也被有害的电磁波所包围，它们也会给我们的身体带来压力。你可以鼓励孩子每天到外面去，光脚踩在草地、土地或沙地上。这么做能让孩子从大地里吸收天然电磁波，从而平衡人造电磁波的负面影响。你还可以鼓励孩子坐在地上，靠在树上，或者躺在草地上。

宠 物

宠物的治疗效果正在得到越来越广泛的认可，许多小学都在考虑养一条狗来作校犬。焦虑的人会花费很多时间去听"脑子里"那些毫无助益的自我对话，而拥有一只你总得想着它、照顾它的宠物则能帮你把注意力从自己身上移开。我并不是在主张，所有人都要尽快去买一只小狗回来，但如果你家的环境适合养宠物，你就可以跟孩子谈谈养宠物的好处，以及哪种动物最适合你们。显然，养狗的好处是可以让孩子更多地出门活动，但要注意的是，要不了多久，哪怕是最盼望养狗的孩子也会违背每天带狗出去散步的承诺。所以，你要准备好花费大量时间去遛狗。一天紧张的校园生活结束后，孩子回到家能跟一只软软的、暖暖的、毛茸茸的小家伙一起偎依在沙发里，这对孩子的健康肯定是有好处的。但假如你不确定你家是否适合养宠物，你就可以采取"先试后买"的策略。例如，你可以在假期帮朋友照顾宠物，可以到动物收容所看望宠物，也可以求助于可以带狗到你家里做客的慈善机构。

多笑笑

生活中的麻烦事总是接连不断，大多数人都很难想到要用欢笑来应对这一切，但欢笑确实是改变我们脑中的化学物质的一条捷径。你们可以经常找一些好笑的片子来一起看——记得把这一项目写进日程表。一家人经常在一起娱乐消遣，那种亲密感能让孩子深受其益。你可以做孩子的好榜样，笑对生活里的棘手事情，例如，你不小心把自己锁在了屋子外面。这种事尽管并不好笑，但是，紧张和焦虑也无助于你更好地解决问题，让你更快地回到屋子里去。你可以淡然处之，进而让孩子看到，不是生活里的所有问题都需要焦虑。

假扮游戏

孩子2岁后，你就可以开始拿玩具娃娃和泰迪熊来跟孩子玩假扮游戏，用讲故事的方式来帮助孩子熟悉将来会遭遇的困难处境了。你们可以轮流扮演"医生"，给孩子最喜欢的泰迪熊打针或检查牙齿。较大的孩子心中可能已经有了自己中意的影视角色或超级英雄，如果是这样的话，你就可以让孩子想一想，要是他心里的英雄人物遇到了同样的困难处境，他们会怎么做。

布置愿景板

在孩子的卧室里设置一块愿景板，鼓励孩子把能让他感到快乐的事物的照片钉到上面。这些事物可以是小狗、小猫、足球运动员、冰激凌、最好的朋友、家人、度假景观、游乐园激情瞬间或孩子最喜欢的超级英雄。在理想的情况下，我会把它布置在孩子床头对面的墙上，这样一来，孩子就能在入睡前欣赏这些照片了。

另外，你还可以为孩子准备一个"快乐盒子"，用来存放一些漂亮的小东西和纪念品，例如，柔软的羽毛、有趣的贝壳、能叮当作响的小铃铛、透明的水晶、喜欢的人的照片和美丽的风景图片。

如果孩子感到焦虑或情绪低落，你就可以不必再像从前那样去做思想工作。你可能会发现，任由孩子静静地把玩盒子里的物件，或者思考可以在愿景板上添加什么新图片效果会更好。

音 乐

在家里播放背景音乐也有助于营造宁静舒缓的氛围。英国国际思维研究室（Mindlab International）的神经科学家们进行了多项研究，最终提出了一份有治疗作用的曲目清单。特别是其中的一首曲目——马可尼联盟乐队（Marconi Union）的《失重》（*Weightless*），它使受试者的整体焦虑大减65%，使静息心率降低35%，同时还降低了受试者的血压和应激激素皮质醇的水平。

我也推荐你收听"驰放"（Chill）电台，那里没有新闻快讯，没有交通信息，也没有天气预报，甚至连时间都不播报。那里没有人说话，只是源源不断地播放一些最可心的音乐。我非常建议你在家里播放这类音乐。

控制电子设备的使用

我知道，一旦谈到控制孩子使用电子设备，许多父母就会叫苦不迭。各种电子设备正在日益频繁地出现在我们的生活当中，它们能轻易而长久地霸占孩子们的注意力。

根据圣地亚哥州立大学心理学教授珍·特文格（Jean Twenge）的一项近期研究，长时间使用电子设备与青少年的焦虑和抑郁情绪直接相关。对孩子使用电子设备的时间作出限制的健康养育方式具有预防精神疾病的作用。

那么，设置这一限制的最佳方式是什么？这个问题似乎很难回答。因为，大多数父母的孩提时代是没有这些电子设备的，所以他们缺乏应对这一问题的经验。

家里最好能有一套明确的行为规则——这些规则应当是你们一家人深思熟虑和仔细讨论过的。一看到孩子在吃饭时掏出手机就对他喋喋不休，这种做法并不是在设置规则。你觉得自己是在这样做，可实际上并不是。

我并不赞成设置严格的时间限制。这种做法看似有道理，然而，在我看来，这或许只是在为将来积累隐患。随着技术的进步，孩子的教育将越来越多地在电子屏幕上进行。说不准什么时候，学校的某项大作业就会把他们的电子设备使用时间吃掉一大块。这时，孩子肯定会不停地抱怨和发牢骚，直到你最终让步。这样一来，孩子就会知道，只要卖力抱怨，他们就能获得更多的电子设备使用时间了。

你同样需要遵守你坚持让孩子遵守的规则，以及你自己认定的用以实现健康和快乐的家庭生活准则。不论你设定的规则是杜绝在吃饭时看手机，还是禁止把手机一直揣在裤兜里，规则一旦设定好，你就必须遵守。如果你不让孩子摆弄他们的手机，你却还在手机上查看电子邮件，那是不行的。

在家里设置一处"家庭充电站"会很有帮助，即，暂时不用的手机和平板设备可以放在一处专门的地方充电。你自己可以先养成这样的习惯，孩子随后就会下意识地来模仿你。孩子通过模仿身边的人的行为来学习，所以你要少唠叨，多示范如何做。

拓展阅读：如果你想进一步了解关于控制孩子使用电子设备的更多建议，那么可以去看我的另一本书——《怎么说才有用：如何让孩子听你的话》（*Words that Work: How to Get Kids to Do Almost Anything*）。

第4章

我们来谈谈

表达情感

谈论我们的感受能帮助我们拉进与周围人的距离，同时改善我们的心情。跟我们一样，孩子也经常会感到悲伤、紧张、愤怒、快乐或尴尬，但孩子并没有相应的词汇来表达自己的感受。

教孩子认识自己的情绪可能并不容易，因为情绪是非常抽象的概念。你会如何描述悲伤、害怕或兴奋的感觉？

我们常能听到孩子把别的不适感受说成肚子疼或头疼。许多孩子的抱怨背后往往是词汇和自我意识的缺乏：刚刚还说太热，一会儿又嫌太冷；昨天还要求你拿牛奶去冲麦片，今天又让你把麦片倒进牛奶里。

看起来，似乎没有什么东西能够让孩子满意。这是因为，造成他们不适的原因与他们抱怨的内容对不上号。而如果我们感受到了某种说不清道不明的感受，我们就会想出一套说辞来解释它，哪怕这解释不着边际。

缺乏词汇的孩子也可能直接将情绪转化为行动，制造更多问题，例如，发脾气、攻击或叛逆。所以，从小教孩子理解和

表达情绪的词汇练习

在跟孩子聊天时，尝试多使用下面这些词汇。

快乐 (Happy)	坚强 (Strong)	愉快 (Good)	害怕 (Afraid)	痛苦 (Hurt)	悲伤 (Sad)
好极了 (great)	热切 (eager)	宁静 (calm)	恐惧 (fearful)	心烦意乱 (upset)	难过 (tearful)
幸运 (lucky)	热心 (keen)	平和 (peaceful)	惊恐不安 (terrified)	痛苦 (pained)	悲哀 (sorrowful)
吉利 (fortunate)	可靠 (sure)	舒适 (comfortable)	焦虑 (anxious)	沮丧 (dejected)	痛苦 (pained)
喜悦 (delighted)	胸有成竹 (certain)	高兴 (pleased)	受惊 (alarmed)	被拒绝 (rejected)	悲痛 (grief)
高兴 (jolly)	卓越 (inspired)	聪明 (clever)	恐慌 (panic)	受伤 (injured)	悲痛欲绝 (anguish)
快活 (sparkling)	坚定 (determined)	满足 (content)	紧张 (nervous)	被冒犯 (offended)	凄凉 (desolate)
愉快 (overjoyed)	激动 (excited)	安静 (quiet)	怕得要命 (scared)	疼痛 (aching)	绝望 (desperate)
感激 (thankful)	热情 (enthusiastic)	确定 (certain)	担心 (worried)	心碎 (heartbroken)	悲观 (pessimistic)
喜出望外 (ecstatic)	大胆 (bold)	放松 (relaxed)	惊吓 (frightened)	惊恐 (appalled)	不开心 (unhappy)
满足 (satisfied)	勇敢 (brave)	欢快 (bright)	害羞 (timid)	丢脸 (humiliated)	孤独 (lonely)
欢快 (pleased)	乐观 (optimistic)	值得赞扬 (commendable)	颤抖 (shaky)	被冤枉 (wronged)	颓丧 (down in the dumps)
欣喜 (glad)	自信 (confident)	好极了 (splendid)	焦躁不安 (restless)	被疏远 (alienated)	无精打采 (out of sorts)
乐观 (cheerful)	亲切 (hearty)	令人钦佩 (admirable)	怀疑 (doubtful)	痛苦 (distressed)	忧郁 (blue)
兴奋 (thrilled)	有才能 (capable)	愉快 (agreeable)	恐吓 (threatened)	烦恼 (disturbed)	垂头丧气 (dejected)
眉开眼笑 (tickled pink)	强壮 (robust)	优秀 (exceptional)			意志消沉 (despondent)
开朗 (sunny)	可靠 (solid)	无与伦比 (marvellous)			不安 (troubled)
	有能力 (able)				

表达自己的情绪是非常有益的。如果孩子能说出"我生你的气了"或"那件事真的让我很难受"这样的话，他就不大可能去攻击其他孩子了。

开始教孩子认识各种情绪的一条有效做法是说出孩子的积极情绪。例如，"我们要去公园了，你看起来特别高兴。"或者，"你的朋友要来玩，你非常兴奋。"

接下来，你也要说出孩子的负面感受。例如，"这些积木特别难搭，看得出来你有点生气。"或者，"在学校待了一整天，你现在可能觉得又累又烦。"又或者，"你的朋友今天不能来玩了，看得出来你很不开心。"

许多研究都发现，把自己的情绪说出来或写下来能帮你减轻痛苦，比什么都不说更好。

怎么说才有用

我在第2章里谈到过，我们经常在脑中构造各种各样的画面，即使我们并非总能意识到这些画面的存在。我们的身体会把这些画面作为下一步行动的根据，进而作出反应。

帮助你的孩子克服焦虑的关键是确保他有正确的画面来关注，而这在一定程度上取决于你在孩子身边使用什么样的语言或词句。你要对自己的说话方式多加注意，这很重要，因为你说出口的话可能会伴随孩子一生。

我们当中有多少人记得，小时候总被大人说"不爱运动""数学不好""害羞""不爱说话""总是惹麻烦"或"闹腾"？这些词句已经融入我们的自我概念，而负面的自我概念一旦形成，我们就极难突破这一思维模式，形成新的自我概念或改变行事方式。如果父母当初对你说的是不同的话，那么你的生活会有多么不同？

你也要注意，不要让孩子听到你跟其他家人或朋友谈论他怕黑或怕狗的事。即使非常年幼的孩子也能听到你的话，敏锐地吸收你说的每一个字。如果你确实需要跟别人讨论这件事，那就要确保不被孩子听到。

孩子存在焦虑问题时，你还要更加注意用词，以便引导孩子进入更加平静和快乐的状态。

下面，我将介绍如何在说话中只改变几个字眼就让孩子的态度和行为发生转变。

1. 说你真正想要的东西，而非你不想要的东西

要想让更多有益的想法和画面进入孩子的脑海，最快速也最简单的办法之一，就是鼓励孩子去想他**真正想要**什么，而非他不想要什么。还记得第13页的练习里，你的大脑是如何根据那些问题来构造画面的吗？我当时谈到，我们会下意识地被脑中的画面所吸引，并且按照这些画面行事，就像汽车在自动驾驶一样。所以，我们要尽力确保孩子脑中的画面是好的，这非常重要。

请比较下面的不同说法：

与其说：我怕我会在学校的话剧演出里忘词。

不如说：我要记住明天学校话剧演出里的所有台词，我要把它们大声地、清楚地说出来。

点餐练习

让孩子想象自己正坐在一家餐厅里，菜单上有四道菜：

- 芝士比萨
- 肉酱意面
- 汉堡和薯条
- 鸡肉沙拉

让孩子选择其中的一道菜。假设孩子想吃比萨。如果他对服务员说："我不想吃汉堡和薯条，我也不想吃鸡肉。"那么接下来会发生什么？

让孩子想一想，服务员会怎么回答。

服务员会觉得一头雾水，是不是？因为他不知道孩子到底想吃什么，所以没办法拿给他吃。要想吃到比萨，你必须准确地告诉服务员你真正想吃什么，而非你不想吃什么。生活也有点像点菜。在面对"生活菜单"的时候，我们需要说清楚自己到底要什么。

负面的话语能在我们的大脑里制造障碍，进而在我们的现实生活里制造障碍，让我们举步维艰。你可能听说过"积极思考的力量"和"吸引力法则"。但有些时候，我们会用过分简化的方式来理解它们，例如，只要想想你想要的东西，它就会掉进你怀里。所以，我并不奇怪有人怀疑这些做法是否真的有效。

积极思考之所以重要，原因在于，我们的大脑能将我们的想法转化为画面，而我们会下意识地在画面的指引下行事，然而这一点通常都没能得到充分的说明。

与其说：但愿我在赛跑中不要跑倒数第一。
不如说：我要在明天的比赛中跑得比以前更快。

与其说：我不敢去公园，我怕那条讨厌的狗还在那里。
（无法促使你去想办法）
不如说：我希望明天在公园里能感到安心和放松。

与其说：我担心明天在聚会上找不到人聊天。
不如说：我很好奇明天在聚会上会遇到谁。

与其说：我担心明天一上考场就全忘了。
不如说：我要记住明天拼写考试要考的所有单词。

如果你脑中看到的是失败、倒数第一或全忘了，那么你成功的概率就会急剧降低。

提醒孩子把想要的东西准确地说出来，就像在菜单上点菜那样，这样效果会好很多。即使你无法完全让孩子相信改变几个字会有帮助，你也要鼓励他时刻注意把消极的话转变为积极的话。这种做法也叫按照"想象"的样子来行事。也就是说，即使你知道你还没有完全做到，但你可以表现得"像是"已经做到并且确实有能力做到，以此来显著改变大脑里的化学物质，最终把成功握在手中。

"不要"这类词没有对应的画面，所以，只要你想到你不想要的东西，你就会不可避免地看到它。而你看到了什么，你最终就会得到什么。如果你曾经叮嘱孩子"不要碰花瓶"，却搞不懂他为何偏偏要这么做，那么你现在就会明白这其中的缘由了。好一些的说法是"让花瓶静静地待着"。如果你的孩子似乎每天早上上学时都会带错课本，你就要反省自己是否经常跟孩子说"不要带错了＿＿＿＿"。

不要想练习

我们来做个小练习。在前面第13页的练习中，我问过你一些问题，并且要求你注意脑海中浮现的画面，例如：

- 你今天早餐吃了什么？
- 法国的首都是哪里？
- 你梦想中的度假胜地是哪里？

现在，我想请你做下面这件事：

- 不要想一块巧克力蛋糕。

嗯……我想知道，你们当中有多少人真正按照我的要求去做了？尽管我让你们不要去想一块蛋糕，但你们当中的大多数人都会看到一块蛋糕——它可能是切下来的一小块蛋糕，可能是一整块圆蛋糕，也可能是一块方形的布朗蛋糕。你甚至还看到了上面的樱桃或马卡龙！

所以，像"不要担心"这样的话实际上没什么正面的作用，因为孩子脑海里浮现的正是自己担心的样子！有个孩子最近告诉我，他们学校有位老师在试卷背面写了"记住，不要恐慌"的提示。这位老师以为自己是在帮孩子，可是，这是孩子们在开始作答前看到的第一行字。这时，孩子们的脑海中会出现一幅什么样的画面呢？如果这位老师写的是"记得深呼吸，保持冷静"，那么效果会好很多。我喜欢"保持"这个词，因为它暗示孩子一开始就是平静的。

2. 想一想

有时候，让孩子只关注事情的积极面并不容易做到。这时，你就可以在你说的话前面加一句"想一想"。这几个字能激发孩子的大脑去想象相应的画面。例如：

- 想一想，一旦考试结束了，那种感觉会有多么好？
- 想一想，牙医检查完以后，我们得知牙齿既健康又洁净，那种感觉会不会特别好？
- 想一想，要是换个角度看问题会不会更好？

3. 强调改变

在谈话当中，"不能""不会"这类词出镜率太高，它们把成功的可能性完全挡在了门外。要想摆脱这种用词习惯，你就要强调事情可以改变，并且确实在改变。事实上，孩子没有一刻不在改变当中。也就是说，不会做某事只是暂时不会而已。

- 如果孩子说："我不会这道题！"你就可以把这句话转变为："你只是暂时没找到方法……"重点强调孩子能做什么，而非不能做什么："你能做加法题、减法题、乘法题、除法题……你只是还没有找到方法来做分数题。别忘了，所有的事情都在不停地改变，你和我也都在不停地改变。学习如何做分数题只是这些事情当中的一件，也会慢慢改变。"这么说可以逐渐扭转孩子的态度。

你可以"随口"把孩子过去克服困难的成功经历讲出来，

这么做或许能提升孩子的自信。

- "你过去不会游仰泳。还记得吧？你当时在水里直扑腾，人却还在原地。老实说，连我都开始怀疑你能不能学会仰泳了。（一边微笑一边眨眼，表示你只是在开玩笑。）
- "后来呢，神奇的事情发生了。有一天，你好像突然开窍了。现在，你已经是班里的仰泳'专家'了。现在做不到，不代表以后也做不到。这只说明，你还没有找到正确的方法。"

你也可以告诉孩子，他其实一直都在改变。例如，"你过去不会走路，不会说话，不会读单词，不会写自己的名字，但是现在，这些事情对你来说已经是家常便饭了。所有的事情都在改变，你也在改变。你现在在学习（某项具体技能），将来它也会是你能够轻松搞定的事情。"

有时候，我甚至还会告诉孩子，他本身也是在不断成长和改变的。他的头发在不断地生长，需要经常剪短；他的脚越长越大，需要换新鞋；他的腿也越长越长，需要更大尺码的裤子。童年就是这样，一直在发展，一直在改变，没有什么能固定不变。童年是重塑孩子的思维模式，进而改变行为表现的大好时机，你一定要好好利用。

4. 永远不要"努力"做任何事

下面这个练习能让你看到，有时候，一个小小的词就能轻而易举地制造出一幅消极的画面，给你的行动带去重重阻力。

> **两扇门练习**
>
> 1. 闭上眼睛,想象你看到了一扇门。
> 2. 注意,这扇门是什么颜色?请大声说出来。
> 3. 现在,把这扇门打开。
> 4. 打开门后,睁开眼睛。
>
> *暂停*
>
> 5. 再次闭上眼睛,想象你看到了另一扇门。
> 6. 注意,这扇门是什么颜色?请大声说出来。
> 7. 现在,努力把这扇门打开。
>
> *暂停*
>
> 8. 睁开眼睛。
>   - 两扇门之间有什么不同?
>   - 两扇门的颜色是否一样?
>   - 这两扇门是否有把手、锁或门闩?
>   - 两扇门的把手是在同一侧吗?
>   - 开门的速度是慢还是快?

你可以找朋友或同事来测试一番,请对方闭上眼睛,照你说的去做,接着互换角色再做一次。

你会发现,大多数人都会觉得第二次开门时更费力,而两次开门前所说的话却基本相同。一些人已经注意到了,在第二次开门前,我增加了"努力"一词。而结果呢,你们已经看到了!

加上"努力"一词后,我们想做的事情就变得困难了许多,甚至完全无法做到,因为它暗示了做起来会相当困难,而现实也偏偏就会如此。

这是一个很有意思的练习，它很可能会让你回想起自己的童年。下面这类话，你听到过多少次？例如，"只要努力就好了，努力是唯一重要的事。"或者，"尽你最大的努力"，又或者，"只管努力，放手一搏。"

同样地，鼓励一早出发去面对挑战的孩子"尽你最大的努力"也不是特别好的做法，因为这句话已经暗示，前方有大难题。

使用"努力"一词也可能会让孩子心生畏惧。例如，孩子比较挑食，你让他"努力吃一口"。你觉得这么说应该有用，但实际上，这句话的潜台词是食物不好吃。因为假如食物很好吃的话，你怎么会鼓励他只吃一口？

5. "越来越"

"越来越"是个非常有用的词，因为它暗示了改变在发生，暗示了孩子在进步，也暗示了事情在向前发展：

- 随着一天天过去，这件事你做起来越来越轻松了……
- 随着一周周过去，你游得越来越好了……

表明事情正在发生变化和向前发展的表达还有：

- 随着一次次的尝试，你开始发现自己正在变得越来越出色。
- 随着你开始改变自己的复习方式，你很快就会看到，这样做的效果越来越明显。
- 看到你脸上有了轻松的笑容，我知道事情正在变得越来越好了。

- 你会惊讶地发现，你很快就能不再犯这些错误，题目做得越来越好。
- 你做得很好，你已经想出了完成这件事的三种新办法，我猜你还能想出越来越多的办法。

6. 制造成就感

  积极地暗示孩子他终归能克服恐惧的另一种做法，是制造成就感，让他误以为自己已经取得了阶段性的胜利。这么做或许有点像"善意的谎言"，但是，有时候，只要父母有信心，并能站出来支持孩子，为孩子指明前进的方向，改变就会发生。

- 你过去（特别怕蜘蛛），跟那时候比，现在已经好多了。不知道你有没有注意到？
- 有一段时间，你晚上入睡特别困难（因为你怕黑），不过后来有一天夜里，我发现你入睡比从前更快了。
- 其实你已经在进步了，不知道你什么时候才能发现这一点。
- 这种轻松的感觉在你的生活里正变得越来越多，你高不高兴？
- 这个问题现在已经有进展了，想想你把它彻底解决的那一天，那种感觉会不会特别棒？

7. 共情

  有些表达方式暗示你能读懂孩子的心思，理解他的感受。听了这样的话，孩子会觉得你能与他共情，哪怕他可能还没有表现出，或是跟你说起过他的感受。接下来，他或许就会向你敞开心扉了。

多使用下面这类表达方式：

- 看得出来……
- 我感觉……
- 我理解……
- 我想知道你现在还需要我怎么帮你？
- 这么做效果好像不是很好，是不是？我们怎么解决这个问题呢？
- 你觉得，你现在最需要的是什么？

8. 孩子惊慌时说什么

孩子惊慌时，父母往往会想不出正确的话语来应对。因为，看到孩子惊慌时，我们也会产生同样的感受，这是可以理解的。我们可以学习一些关键的表达方式来更有效地应对孩子的惊慌，诸如被马蜂蜇，被狗吓到，目睹令人痛苦的事情，或是哮喘发作。例如：

- 我会一直在这里陪着你的。
- 最糟糕的时候已经过去了，从现在开始，一切都会越来越好的。
- 你觉得有些不对劲，不过你的这些感受是没有害处的。放心吧，你好着呢。
- 这一点也不危险，你现在非常安全。你的大脑发出了错误的警报，你很快就会适应的。

- 你的这些感觉让你觉得非常害怕，但是焦虑很快就会消失的。
- 跟我一起深呼吸，我们一起放松下来。
- 看得出来，你觉得很不舒服，但是你可以慢慢地让自己平静下来，哪怕焦虑还没有消失。
- 随着你的呼吸节奏渐渐慢下来，你会发现你的感觉比刚才轻松多了。
- 到我身边来，我来帮你慢慢好起来。握住我的手，一直握着。
- 你害怕并不代表你有危险。
- 焦虑的感觉肯定都会过去的，你的哪一次焦虑最终没有过去呢？

拓展阅读：如果你想了解父母与孩子对话的更多示例，那么可以去看我的另一本书——《怎么说才有用：如何让孩子听你的话》。

家庭会议

了解了应该对焦虑的孩子说些什么后，接下来，你就该与孩子谈谈焦虑这件事了，以便你们能一起想方设法去解决问题。

我知道，对一些父母来说，这完全不是问题，因为你们已经在讨论这件事了，并且可能经常讨论。但是，由于担心加重问题，或是徒增尴尬，许多父母也会极力避免跟孩子说起这件事。不过，这种话题貌似难谈，多数父母还是发现，事情一旦讲出来，所有人就都能松口气了。

如果你觉得面对面谈难度太大，你还可以考虑在开车的时候，或是在跟孩子并排走路的时候谈。对于较大的孩子和青少年，你甚至可以考虑晚上跟孩子打着手电筒出去走走，看看头顶的星星，或者寻找夜间出没的野生动物。亲密感升级后，棘手的问题将变得更容易讨论。

我非常推荐一家人经常坐下来聊聊，这么做能增强孩子面对生活中的困难和挑战的能力。对一个家庭来讲，保持沟通渠道畅通是帮助孩子提升适应力的关键。

你可以用任何名称来称呼一家人经常进行的谈话，例如，碰头会、讨论会、反思会、总结会、计划会、例会、周会、恳谈会和座谈会。叫什么并不重要，重要的是，你要把这类谈话列入家庭的日程表。随着电脑、智能手机和在线流媒体网络的出现，今天的技术已经空前强大。然而，我们也都知道，虽然家里的所有人都有自己的电子设备，但生活在同一个屋檐下的他们仍旧很容易对彼此的存在视而不见。

谈什么

你可以用一些好消息来开启你们的家庭讨论，你有什么好事情可以谈谈吗？你也可以谈谈未来的计划，例如，假期的安排，或者周末要不要来一次户外烧烤。接下来，你就可以问其他家人有没有好消息或有趣的事情说来听听。这么做可以为讨论定下基调，让孩子知道这是一件有意思的事。

这时，讨论的氛围应该就会是安全而舒适的。这时，所有家人就都能放心地谈论自己的担忧和困扰了。

讲出问题等于解决一半

我治疗过许多坚持向兄弟姐妹和其他家人隐瞒自己的恐惧或焦虑的孩子。这些孩子有两个问题，一个是问题本身，另一个是担心别人因为他们的问题而嘲笑他们。

我们都知道，把问题淡化并一笑置之可以极大地帮助我们从苦恼中解脱。但我们绝不可以因为孩子的恐惧和担忧而去冷嘲热讽。恐惧和担忧是健康人脑的功能之一。倘若有人从未体会过恐惧，那才是奇怪的、不正常的，并且也是危险的，因为恐惧能救我们的命。

敞开心扉并承认问题是难能可贵的，因为这样做是在把自己的弱点暴露给别人，这与我们的生存本能是相悖的。所以，凡是能够做到这一点的孩子都应该得到赞扬。同时，事情一旦讲出来，全家人就可以集思广益，寻找可能的解决方案。你可以把这些方案一一记录下来（至少列出10条），以供孩子选择和尝试。

想出一长串的解决方案能让孩子养成打破常规、进行创造性思考的习惯。如果有人想出了一个办法，可是经过讨论，大家发现这个办法并不好，那也没有任何错。新的解决方案所迎来的不应是羞辱和责备，而只能是赞赏。而且，那些最离奇、最古怪的点子还能让所有人开怀大笑。实际上，我建议每个成年人都提出一条不着边际的荒唐主意。这么做只是为了表明，即便想出了惹人发笑的馊主意也没什么大不了。

如果孩子想努力克服对狗的恐惧，或考试所引发的焦虑，那么其他家人就要抓住机会来聊聊自己担忧的事情，以便表明这只是生活里的平常事。不过，我并不建议你把气氛搞得太过沉重，现在不是表达失业或还不上贷款这类担忧的时候。你倒是可以谈谈你怕蜘蛛的事。

让孩子开口的技巧

一家人能坐下来讨论问题固然很好，但如果孩子不爱说话，或者一个孩子说太多，其他孩子不想说，这时该怎么办呢？

面对较小的孩子，要让他们在讨论中出点主意一般难度不大。但如果是较大的孩子或青少年，而你又是第一次邀请他们参与讨论，那么他们就可能起疑心，或者不愿意参加。这时，你就可以参考下面这些建议：

- **使用开放性问题**。多问"是什么""为什么""在哪里""怎样"，而非"是不是""有没有"……
- **追问更多细节**。最有意思的事情是什么？／然后发生了什么？／我觉得很有意思……接下来发生了什么？／还有呢？再跟我说说……
- **认真观察**。看样子你特别喜欢……／看得出来，为了把那件事情做好，你付出了很多努力……／嗯，你说的事情很有意思……
- **全心全意关注孩子**。如果我们跟孩子说话，孩子却似乎没有在听，那么我们往往会非常生气。那种感觉很糟糕，我们会怀疑是否有必要继续说下去。同样地，如果调换角色，孩子也会是同样的感受。所以，如果孩子跟你说话，你就必须看着他，把全部注意力放在他身上。也就是说，你不能看手机，不能在本子上写东西，不能抠指甲，不能喂猫，也不能晾衣服，等等。否则，有一天你会发现，他们会放弃与你沟通，一个字都不愿再跟你讲。

- **你不必解决所有问题**。你有没有这种经历,你想把你遇到的问题说给朋友听,可对方每隔几句话就打断你,提出一条解决方案?很讨厌,是不是?而且,他们给出的建议还往往不够妥当,要是他们能把你的话听完,他们就不会那么说了!如果同样的一幕发生在你和孩子之间,那么孩子的感受也会是一样的。有时候,他们只是想把心里积压的事情说出来,好让自己好受些。所以,如果你听到孩子说,他在学校里被同学推倒了,也许简单回一句"哦,这可不好,有没有受伤?"就足够了。虽然你可能很想冲进学校去训斥另一个孩子,或者向老师反映情况,但孩子并没有要求你这样做。他想要的只是一对能够同情他遭遇的耳朵,或许还有你的拥抱。

多久讨论一次

如果是较小的孩子,你可以适当谈得频繁些,但每次不要谈太久,例如,每次15或20分钟,每周一次,甚至两次也可以。对于较大的孩子和青少年,讨论太过频繁可能会让他们感到不自在,所以每两周一次或许会更好。如果一个月才讨论一次的话,我觉得你可能会失去连续感,产生一种"不知道孩子会说些什么"的茫然。

在哪里讨论

吃饭时围着饭桌讨论似乎很方便,但我不建议你这样做。孩子在吃饭时感到焦虑是不好的,这本身就可能造成更多的问题。一家人在一起吃饭的感觉应当是轻松而愉快的。

讨论时，你们甚至不需要正式地围坐在桌子旁边，尽管这种形式有助于集中注意力，也方便把事情记到纸上或电脑上。

讨论也可以这样进行：

- 在客厅地毯上围坐成一圈。
- 在花园里铺一条毯子坐上去。
- 把讨论作为公园野餐的一个环节。
- 在床上靠着舒适的靠垫坐下来。
- 在停着的汽车里，甚至在堵车时进行。

其实，我更建议你不时换个有些特别的地方来讨论，尤其是在你对讨论的气氛不甚满意的时候。另外，每次讨论时，每个人的位置也要有所改变。你可能会发现，孩子换了位置后可能会变得更放松、更有创造力。

每次讨论结束后，你都要花一些时间来总结：讨论进展得如何？哪些做法有效，哪些无效？下一次可以在哪些方面改进，如何改进？这些都是值得培养的好习惯，一家人都能从中长久受益。

第5章

辅助工具

测量量表

在帮助来访者解决焦虑问题的时候，我通常会要求他们用数字1~10来表示焦虑的强烈程度。在治疗开始时，这么做是很有用的，因为这样一来，我就能拿这一数据来与他们在治疗后的感受相比较。数据既可以表明，事情正在朝着正确的方向发展，也是来访者认定他们可以用我的方法迅速改善症状的重要依据。

但是，要让儿童用一个数字来为他们的症状评分，这会困难很多。这时，我一般会换用一套表情图标来代替数字（见下页图1）。这些表情图标能表示从非常放松到非常担心的各种情形。

在后面的内容里，我会介绍一系列你可以用在孩子身上来帮他缓解焦虑的练习和技巧。在使用这些方法前，你最好先用下面的量表来了解孩子的焦虑程度（让孩子选出最能代表他当下感受的表情图标）。接下来，你就可以开始帮孩子做练习了。例如，你可以这样对孩子说："我们来做做这个练习，看看做完以后，你的感受会有什么变化。"完成练习后，再拿下面提到的量表来让孩子选出最能代表他当下感受的表情图标。如果孩子的焦虑程度减轻了，那么这对所有人来说都是一件乐事。如果孩子的焦虑程度没有减轻，你就需要帮孩子把练习重做一次，或者换别的方法来尝试。无论结果如何，这一反馈总归都是有用的。

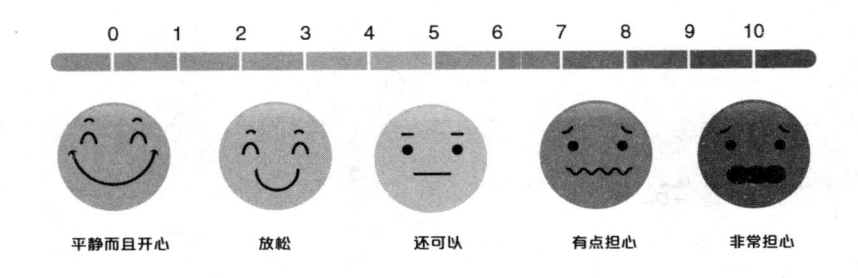

0　1　2　3　4　5　6　7　8　9　10

平静而且开心　　放松　　还可以　　有点担心　　非常担心

图 1 测量量表

明确目标

有些类型的焦虑（例如，分离焦虑或拒绝上学）可能需要我们和孩子持续努力很长时间。这时，制订一份有明确目标的行动计划将会非常有帮助。

想一想，倘若你不知道你最终要去哪里，那么你怎么会知道你有没有到达那里呢？但如果孩子的问题是面试或考试所引起的那种一过性的紧张发作，那么你就可以不这样做，你需要的或许只是可以立即起效的放松技巧和视觉化练习。

孩子对自己想要拥有的感觉越清楚、越明确，目标就越容易确定。有时候，想要让孩子把这些感觉说出来并不是一件容易的事。例如，有的孩子可能并不知道自己想要什么感觉，他们只知道自己不想要什么感觉，即他们不想感到焦虑和痛苦。

你们可以一起写出一个明确的目标，然后回答下面这些问题：

1. 最终目标是用积极的方式来表达的吗？
   - "我想高高兴兴、轻轻松松地去上学"，而非"我不想因为要去上学而紧张"。
   - "我想晚上能感到放松，睡个好觉"，而非"我不想总是怕黑"。
   - "我想踏踏实实地准备考试，把所有的知识都记住"，而非"我不想担心考试"。

2. 你自己能实现这个目标吗，还是需要身边的人帮助？

    找出孩子在实现目标的过程中可能会需要的所有资源和人。也许你可以找几个遇到过类似问题的人，问问他们问题是如何解决的。

3. 目标是否足够明确？目标将如何实现，在何时、何地，以何种方式，由谁来实现？

    目标需要非常详细具体。如果孩子的目标是能够参加学校的戏剧演出，那么你们就要写下登台前需要采取的所有步骤。

    较大的目标（例如，通过新学校或大学的入学考试）可能需要拆分成一系列小目标。孩子是否需要做更多功课，学习更多课程，或者学习面试技巧等新技能？

4. 目标的描述语里有没有包含各种感觉？

    把目标细化后，你们还需要在目标里添加一些对感觉的描述。孩子如何能够知道自己已经达到了目标？孩子或许"知道"他希望能够站在舞台上自信地唱歌，但那幅画面到底是什么样子的呢？当孩子最终实现自己的目标时，他会看到什么？听到什么？又会感觉到什么？

奖励系统

我们是否可以用奖励来激发孩子克服焦虑呢？从表面上看，用孩子喜欢的东西来对孩子的努力加以肯定的确像是个好主意。如果你想让孩子努力解决某个问题，那么一根美美的"胡萝卜"很可能会大大强化他的动机。

奖励和表扬孩子（而非惩罚和管教）已经如此深入人心，以至于很少会有父母停下来质疑这种做法是否合理。大多数父母只是"觉得"这是好的育儿方式。

不过，我会鼓励你再仔细想想。多项研究已经表明，设置奖励后，孩子最终的表现反而可能会下降。他们不仅开始依赖外界认可而非聆听内心的声音，而且，假如我们为了解决孩子不想上学的问题而给他买新运动鞋，那么孩子的关注点和意识就会偏离真正重要的目标。对孩子来说，这是一种心理干扰，因为这样一来，孩子脑中的画面就会是运动鞋，而不是他们平静而自信地回到学校的样子。这么做短期看或许有效，可一旦新运动鞋的新鲜感消失，焦虑很可能还会卷土重来。到了那时，孩子还会四处寻找下一个"奖励"来弥补自己的不适。等他长大后，这种对补偿性奖励的追求会很容易让他把目光投向各种不良嗜好。

当然，任何一件困难的事都必须附带某种正向的回报，否则就没有必要去做了。但我们还是要鼓励孩子把最终的目标视作"奖励"，这么做才能增加孩子达成目标的机会。

这并不是说，今后你就不能再给孩子任何"奖励"了。"奖励"还是可以给的，但给的理由要改变。例如，如果孩子不想上学，你就可以这样说：

"适应了学校的环境以后，我们都知道你肯定很高兴每天都能见到你的朋友们，还能跟他们一起玩。卡勒姆说过，他还想跟你坐同桌。（奖励）等放假了，我们可以跟他一起去看场电影，接着再一起去吃点什么，你觉得怎么样？（款待）"

做记录

很多人会建议父母们使用贴小星星的方式来帮助孩子解决特定的问题，例如，夜里不敢睡觉和分离焦虑，但我建议你谨慎为之。贴小星星也属于奖励，而且假如某一天进展不利，孩子就会感受到双重的失望——不光目标没达到，还要丢掉一颗星星。不过，用记录"成功日志"的方式来跟踪进展是很好的做法，因为许多研究已经表明，得到衡量的行为会自动改善。这种做法特别适用于需要较长时间才能解决的问题。因为我们和孩子都比较容易忘记已经取得的进展，所以有记录来回顾会对孩子很有好处。即便孩子因为某些原因而暂时退步，孩子也还是能通过日志看到已经取得的进展，这么做能激发孩子继续努力。

此外，有了详细的日志，在孩子出现值得关注的情况时，你就可以去回顾"过去24小时里发生了什么？"你可以花些时间来思考，这是因为孩子的校园生活过于紧张、忙碌吗？是节假日看电视太多吗？是晚上没睡够吗？是作业太多导致晚上睡得太晚吗？是孩子参加朋友的生日聚会吃了太多糖吗？这些都是有价值的信息。

> **下载：**你可以从我的网站（www.aliciaeaton.co.uk）上免费下载一份为期30天的英文版"成功日志"，也可以翻到本书末尾，直接使用中文版"成功日志"。

第 3 篇

心理急救的策略与技巧

  在这一篇里，我将向你详细介绍我常在哈利街诊所使用的各种技巧，以供你在遇到问题时参考。

  你可以先粗略看看这一篇里谈到的各种技巧，因为我会在第 4 篇里详细介绍我运用这些技巧帮助不同的孩子解决各种问题的过程，读完第 4 篇后，你会对如何使用这些技巧有更深入的理解。到那时，你可以重新回到这一篇来仔细研读。

第6章

我们来放松一下

放松可以有许多种形式。你可以通过先动后静来放松肌肉，这么做能有效地释放身体里的压力。对于较小的孩子来说，学习放松的过程还可能充满乐趣。我建议你把这些练习纳入你们每周的例行活动当中。

先动后静放松练习

1. 挺直腰板，在房间里大步快走。
2. 原地高抬腿。
3. 让两只胳膊在头顶上方像树枝一样摆动。
4. 做鬼脸，扮作一只可怕的怪兽。
5. 胳膊向上伸展，尽力去够高处。
6. 把身体蜷起来，蜷得越小越好。
7. 把两只手紧紧地捏成拳头，然后放松。重复这一动作。

现在安静下来，放松身体。
1. 装作一只笨重的巨兽，在房间里非常缓慢地走动。
2. 装作一只老鼠，尽可能安静地、缓慢地挪动身体。
3. 躺在地上，装作一只"睡狮"，尽可能保持不动，不要出声，持续几分钟。

渐进式放松练习

这种渐进式的被动放松练习能让身体的各个部位逐渐松弛下来，直至完全放松。使用下面的说明，一步一步引导孩子逐渐进入平静、放松的状态。说话要轻，语速要慢。如果你愿意，你也可以放一些舒缓的背景音乐。这个练习特别适合在孩子入睡前做。

在孩子觉得舒适和放松的地方，让孩子舒服地躺在床上、沙发上或地板上，在他的脑袋下面垫一个垫子。

告诉孩子，你们要做一个练习来放松身体，那种感觉能让他舒服十倍。你可以为孩子提供一些点子来感受，例如，"浑身像布娃娃一样软绵绵的""像果冻那样晃晃悠悠"。

1. 让孩子闭上眼睛，注意自己的呼吸。告诉孩子，他甚至能听到自己的呼吸声正变得越来越和缓。这一步做一分钟。
2. 现在来放松头部。让孩子把眼睛紧紧闭上，保持3秒钟，然后放松，睁眼。重复上面的步骤，最后把眼睛轻轻闭上。
3. 现在来放松下巴的肌肉。让孩子做一个夸张的微笑动作（牙齿要咬紧），保持3秒钟，接着让下巴完全放松，让它变得松松垮垮的——这时，孩子的嘴巴可能会微微张开。
4. 现在来放松肩膀。让孩子用力把肩膀靠近两只耳朵的耳垂，保持3秒钟，然后放松。
5. 现在轮到胳膊了。让孩子弯曲一只胳膊，让手腕尽可能靠近肩膀，保持3秒钟，然后放松，让胳膊轻轻伸展开来。接着再用另一只胳膊重复同一步骤。
6. 继续向下放松，现在是两只手。让孩子把一只手捏成拳头，保持几秒钟，然后放松。接着再用另一只手重复同一步骤。鼓励孩子体会身体的各个部位慢慢放松的感觉。孩子甚至会觉得身体正变得越来越沉。

7. 现在来放松肚子。告诉孩子，随着呼吸让肚子一起一伏，他会觉得肚子越来越放松。
8. 现在，告诉孩子，他会感觉到自己的后背好像在床上或沙发上越陷越深了。告诉孩子，他现在觉得非常舒服，非常放松。
9. 这种平静、放松的能量开始顺着两条腿向下延伸。也许孩子会想要轻轻晃动两条腿，接着再让它们完全放松下来。
10. 现在，告诉孩子，他的两只脚想要指向床尾。接着，让两只脚和身体的其余部位一起放松下来。
11. 告诉孩子，现在，这种舒服的、平静的、放松的感觉已经遍布他的全身，从头顶一直延伸到脚尖。告诉孩子，他现在觉得非常舒服，非常安静，非常放松。
12. 孩子想用什么颜色来表示这种放松的感觉？他能想象这种特殊的颜色像神奇而可爱的能量波一样穿过他的身体吗？

如果可能的话，鼓励孩子在这一状态下停留至少 5 分钟。经常做这个练习能帮助孩子更快地放松身体，孩子也能更轻松、更长久地停留在放松状态中。

最后告诉孩子："如果你觉得自己准备好了，你就可以慢慢地睁开眼睛，再次回到房间里来。"有些孩子可能会在练习的过程中睡着，这也是可以的。如果你的孩子正是这种情况，那么你或许可以借助这个练习来帮助孩子入睡。

呼吸技巧

焦虑可能会让人呼吸困难，导致脸色苍白，手心和额头出汗，胸闷，甚至头晕或昏厥。传统的应对方法是"深吸一口气"，这句话也是我们经常听说的，可焦虑的人恰恰不需要深吸气。焦虑的原因之一是肺里积压了太多的空气，这种情形会让人感到无法正常呼吸。

我刚才谈到的症状与哮喘极为相似，所以我常常能听到小时候被诊断为哮喘病的成年人说，他们现在才意识到，他们当时得的其实是焦虑症或惊恐发作。

不论是哪种情形，哮喘或焦虑发作最初所引发的反应都差不多。你可以让孩子通过做练习来掌握一些基本的呼吸控制技巧，来应对紧急状况，这么做很有用。我建议你经常跟孩子玩呼吸"游戏"，因为它们说不准什么时候就能派上用场，而善于控制呼吸的孩子在紧急状况下的表现会好得多。

做过几次深呼吸后，所有人都能好受很多，因为这是人体清除体内累积的应激物质的方式之一。同样地，我们在大哭一场后也会好受很多，因为我们通过眼泪释放了应激物质。

吹气

你可以借助玩具来帮助孩子练习吹气和控制呼吸，例如下面这些玩法：

- 吹手持风车
- 吹泡泡

呼吸数数练习

1. 让孩子选一个舒服的姿势，然后深吸一口气，接着尽可能长时间地呼气。需要时，孩子可以把手握成筒状放在嘴边，想象自己在吹气球、纸袋或别的东西。
2. 孩子开始呼气后，你可以慢慢地大声数数，或者让孩子在心里为自己数数：1、2、3、4、5……
3. 数数要缓慢、稳定，数得太快就不好玩了。
4. 提醒孩子把注意力集中在呼吸上，不去想别的事情。
5. 气息用完后，记下孩子达到的数字。孩子能坚持呼气多少秒呢？
6. 让孩子重复上面的步骤，再深吸一口气，然后慢慢呼气，同时再次开始数数。
7. 看看这一次，孩子的表现能否超过上一次。
8. 气息用完后，再次记下孩子达到的数字。你可以简单评论两句，例如，"这一次的时间长了一些，是不是？上一次我们数到了8，这一次都数到10了。"
9. 再次让孩子重复前面的步骤。"我们来看看第3次能数到几，怎么样？"

为了数得更多，你可以用下面这些办法来帮助孩子。

1. 你说出一个数字后，让孩子在脑海里想象它的样子。你可以这样问孩子："你觉得这个数字是什么颜色？它有多大？"
2. 让孩子看向窗外。在远处找一处位置，让孩子吹出一口长长的气，一直吹到孩子觉得那股气息到达那里为止。

- 吹气球
- 用吸管在饮料里吹泡泡
- 玩吹球游戏（吹气足球）
- 把一根羽毛从桌子一头吹到另一头

你也可以让孩子把一只手握成筒状，接着像吹气球或吹纸袋那样向里面吹气，要点是吹得缓慢，吹得持久。

正念其实很简单

我们时常听说，"活在当下"或"正念"可以缓解压力，大大提升我们的生活质量——这么做也是帮助孩子舒缓焦虑情绪的绝佳方式。有心理问题的孩子能够从正念练习中获益，但正念练习不仅适用于有心理问题的孩子，也适用于所有孩子。我很高兴地看到，正念练习正在融入许多孩子的校园生活。

如今，在各种校外活动和提供全天候娱乐（特别是让肾上腺素飙升的电脑游戏）的手持电子设备的持续刺激下，孩子们很少能静下心来。难怪他们常常无法控制自己的情绪，也无法想清楚再行动。对大多数孩子来说，想要完全静下心来是不可能做到的。

"正念"来自佛学，是一种"主动觉察"的存在方式。研究表明，经常练习觉察（刻意地去注意当下的所有细节）的人压力更少，幸福感更多。这些好处当然值得拥有。并且，只要稍加练习，你也可以开始"活在当下"，你还可以鼓励你的孩子这样做。

我们的想法常常流连于过往（哪怕是5分钟前发生的事情）和未来（你计划做的事情）。如此一来，我们就有可能完全错失当下的生活，稀里糊涂地错过它的美好。

多少父母由于焦虑一月份的信用卡账单而错过了圣诞节的快乐？

而且，这种事不仅发生在成年人身上。你有没有遇到过这种情况，你带孩子去参加朋友的生日聚会，却发现孩子因为担心他的外套放在公共衣帽间是否安全、稍后会吃到什么等各种事情而错过了许多欢乐？

虽然关于正念疗法的大多数研究都以成人为研究对象，但早期研究已经表明，儿童或许也能以如下的相似方式受益：

- 感觉更平静，更有成就感；
- 与他人相处更融洽；
- 更专注，学业表现更好；
- 更善于纾解压力和焦虑；
- 在体育、音乐和戏剧等领域表现更好。

活动中的正念练习

带你的孩子到外面走走,一边走,一边谈论你们看到的一切。

- 那棵树上的叶子真绿呀。
- 在街对面,有一条棕黄色的狗正在飞奔。
- 那辆卡车有好多黑色的大轮子,发动机的声音很大。
- 今天阳光很好,天上白云飘飘。
- 我感觉到有一股小风暖暖地吹在我的脸上,你是不是也有这种感觉?
- 我能听见我们走在小路上把小石子踩得咯咯响的声音。

你也可以在家里做这个练习,例如,在洗手的时候。

- 我看到你打开了热水龙头。现在,你又加了一些凉水。
- 洗手液是绿色的,我在想,它给你的感觉是凉凉的吗?
- 你把洗手液喷在左手上,现在两只手一起搓。
- 你的两只手现在变得滑溜溜的,我还看到你搓出了很多泡泡。
- 我听见水流进排水孔的咕噜咕噜声了,这声音真有意思,是不是?
- 洗手液的味道好闻吗?我好像闻到了苹果的味道。
- 你用左手把热水龙头关上了,现在把冷水龙头也关上了。
- 你在拿一条蓝色条纹的毛巾把两只手擦干。毛巾摸上去软软的。

请注意我是如何把各种感官融入其中的。多想想孩子能看到、听到、触到、闻到甚至尝到什么。这个练习也非常适合在吃饭时做。除了食物的味道，你还要考虑食物的外观、颜色、摸上去的感觉、吃起来的声音，以及闻上去的气味。

开始的时候，这么做可能会有点奇怪，但是，只要坚持做下去，你就能帮助孩子"活在当下"，让孩子静下心来，摆脱无谓的担心和焦虑。这个练习特别适合在睡前做，例如，洗澡的时候，因为孩子这时可能会隐隐地开始为第二天要上学的事而发愁。

正念瓶练习

让你的孩子把一个空瓶子（越大越好）灌满水，接着放一些闪光粉进去，把瓶盖拧紧，做成一只"正念瓶"。接下来，用力摇晃瓶子，让闪光粉恣意飞扬。让孩子安静地坐下来，看着闪光粉飞舞，直到所有闪光粉沉到瓶底，静止不动。你可以让孩子通过数数来计算整个过程需要多少时间（也可以使用秒表或时钟计时），最后把结果记在本子上。记录结果能让整个练习过程更加有趣。下一次，闪光粉飞舞的时间是更长还是更短呢？

这项练习也可以用作惩罚，但要比罚站好得多。另外，你要让孩子自己来给瓶子倒水、加入闪光粉、拧紧瓶盖和摇晃瓶子，这很重要。这么做能促使孩子坐下来并保持专注。

意念照相机练习

鼓励孩子注意周围发生的事情，并且在想象中用照相机把特定的画面"拍"下来。孩子可能会发现各种有意思的事情，例如好朋友做鬼脸的样子、一个可爱的生日蛋糕、漂亮的装饰等等。你可以借助提问来鼓励孩子这样做。例如，"现在看看你身边，告诉我，如果你有一台照相机的话，你会去拍什么？"弄清孩子会"拍"下哪些画面以及这背后的原因。

不过，尽管正念疗法已经相当流行，像是治疗所有疾病的良药，可做起来有时却并不容易。在你感到压力重重、焦头烂额的时候，如果有人只是告诉你静静坐下来，把大脑清空，你会不会觉得更加受不了？

因此，我非常推荐你来做上面这些正念练习。你可以方便地把它们融入你的日常生活当中，而不必特意把它们归为正念练习，而且效果非常好。

蒙台梭利安静游戏

我从前在学校里经常教孩子们做这个"安静游戏"。看着孩子们（有的孩子甚至只有 3 岁）专心致志地保持完全彻底的安静，那种感觉非常特别。玛丽亚·蒙台梭利博士认为，安静游戏的好处不仅仅是没有噪声，它还能创造出一些特别的东西。自由的思考空间能激发孩子的想象力，提升他们的创造力。这种练习的放松效果还能降低孩子的焦虑水平。

安静游戏

1. 让孩子们在地板上围坐成一大圈。
2. 让孩子们采取他们觉得最舒适的坐姿。不能碰到别人，每两人之间都要留出足够的空间。
3. 告诉孩子，你要玩一个游戏，游戏开始后，所有人都必须完全不动，要非常安静，身体的所有部位都必须完全不动，并且不能发出一丁点声音。
4. 你需要用话语来引导孩子们完全彻底地安静下来，所以话音要轻柔、舒缓。每句话说完要停顿片刻，好让反应较慢的孩子能够充分理解。到后面，你可以开始像说悄悄话那样讲话，以此来强调一切都在变得越来越安静。

在游戏开头，你可以这样说：

- 我们来让两只脚保持不动，脚指头也保持不动。

等一会儿，等到所有孩子都加入进来后，继续说：

- 现在，让我们的两条腿保持完全不动。
- 现在，让我们的身体保持完全不动。
- 接下来，让我们的胳膊保持不动，完全不动。
- 现在，一切都变得静悄悄的，没有一丁点声音。
- 接下来，让我们的两只手完全不动，连手指头也必须一动不动。
- 现在，让我们的脑袋保持完全不动。
- 接下来，让我们的嘴巴和眼睛都完全不动。
- 让我们闭上眼睛，这样连我们的眼皮也可以完全不动了。
- 一切都静悄悄的，没有一丁点声音。

如果先前是嘈杂和吵闹的,那么现在的安静和空气凝固的感觉就会让孩子们感到非常新奇和兴奋。

最后,你可以这样说:

- 你们知道刚才发生了什么吗?
- 然后自问自答:"我们制造了安静。"

随着孩子保持完全安静的本领越来越强,每一次玩的时间可以逐渐延长。

要相信每个孩子都会逐渐加入到游戏中。一开始,你可能会发现有的孩子喜欢在大家面前淘气。这时不要说话,因为说话会打破安静。你只需微笑,用你的呼吸声来让一切安静下来。

孩子有了制造安静的体会后,你们就可以进行下一步——去听各种声音了。孩子们彻底安静下来后,你就可以这样说:

- 现在我们可以开始认真听了。

如此保持安静大约2分钟后,你就可以挨个询问孩子,他们在安静游戏中听到了什么。有的孩子可能听到了呼吸声或时钟的嘀嗒声,有的孩子可能听到了外面的鸟叫声或火车经过的声音。

如果你们通常在室内玩这个游戏,那么你接下来就可以这样说:

- 我想知道,如果我们到外面去玩这个游戏,结果会发生什么?我们在外面又会听到什么声音呢?下一次,你们就可以到外面去玩这个游戏了。

学习借助意念的力量来控制身体也是减少冲动行为的第一步，因为这么做能让孩子更好地觉察身边的一切。安静游戏能减少孩子的推搡、喊叫、抢夺玩具和不耐烦等表现。它能整合整个生命——让意念驾驭身体，也能加强孩子自己努力进入这种状态的意愿。我建议你养成与孩子一起做这个练习的习惯。你也可以让孩子的朋友们加入进来。参与的孩子越多，效果越好。

第7章

心理感觉疗法

心理感觉疗法[①]是一类最新的心理治疗工具。过去十年，神经科学领域出现了许多进展，人类对焦虑和心理创伤在人体内的编码或储存形式有了更深的理解。情绪、记忆和感受可以以感觉的形式储存在体内。所以，香水或家常苹果派的气味才能勾起你的某种情绪，甚至让你热泪盈眶，这取决于这些气味对你来说意味着什么。

人在接受背部按摩后感到想哭的情形并不少见，按压疼痛的肩膀也能释放疼痛深处的情绪，不管它是车祸这样的心理创伤，还是悲伤、沮丧或愤怒这样的心理压力。

这也是较为传统的谈话治疗并非总能有效解决创伤后应激障碍等问题的原因。有时，"我们来聊聊"这样的方式收效甚微。

最常见的心理感觉疗法有：

· 眼动脱敏和再加工疗法（EMDR）

[①] 心理感觉疗法（psychosensory therapy）：通过感觉刺激（例如触觉、视觉、听觉、嗅觉、味觉）影响心理状态的疗法。——译者注

- 思维场疗法（TFT）
- 情绪释放疗法（EFT）
- 避风港技术疗法（Havening Techniques）

这些较新的疗法可以是"无内容"的，即有时不会去谈论具体的事件，因为它们不是谈话治疗。当事人只需回忆不愉快的事件，同时进行一系列"感官输入"，例如，有节奏地敲击、抚摸胳膊或脸、连续快速左右移动眼球、哼唱旋律或大声数数。这么做能弱化情绪与记忆的关联。治疗后，虽然当事人仍能记起特定的事件（例如，被狗咬），但恐慌和焦虑将明显减轻。

我发现，这些技巧对遭受过校园霸凌或网络霸凌的孩子特别有用。事情过去几周或几个月后，再跟孩子反复纠缠那件事有时并不见得管用。这时，心理感觉疗法或许更为适用，更有效。

有人会说，这些疗法能够成功是因为"安慰剂效应"，可我的许多小来访者只有三四岁，我从未跟他们说过，接下来的治疗将让他们摆脱焦虑。我们只是聊了聊天，做了个"游戏"而已。

无论如何，只要"安慰剂效应"能让人获得好感觉，那么在我看来，这样的结果就仍然是好的，我也就不会花太多时间去剖析这么做管用的原因。我们要做的是抓住这些疗法带给我们的机会窗口去解决问题，并且要快！

下面，我将介绍两种心理感觉疗法——思维场疗法和避风港技术疗法。我接受过这两种疗法的培训，感觉它们非常有效。它们不仅能消除恐惧和焦虑，也能用来帮助孩子放松和入睡。

虽然这两种疗法原理相似，但我更倾向于在需要专注时（例如参加考试或上台表演）使用思维场疗法，而在需要感到放松和舒适时使用避风港技术疗法。我发现，避风港技术疗法的放松效果特别好。我建议你在给孩子使用这些疗法前先亲身体会一番，这样你就能明白我在说什么了。

注意： 以下说明仅用于缓解焦虑症状和调节情绪。对于更严重的创伤或心理问题，我建议你咨询有资质的治疗师。

如果你想了解具体该怎么做，网上有许多讲解视频可供你查看。

思维场疗法（敲击疗法）

20世纪80年代，美国著名心理学家罗杰·卡拉汉（Roger Callahan）博士创立了思维场疗法，以此来帮助人们应对各种负面情绪。他发现，按照特定的顺序敲击人体的一系列穴位，同时回想造成困扰的特定事情（即唤醒与特定事情相关的思维与记忆）能迅速降低焦虑水平。

这种敲击疗法是解决压力、焦虑、缺乏动力或信心等问题的理想方法。你可以教孩子使用这种疗法，也可以直接帮孩子做。我女儿晚上睡不着觉时，她常常会让我来为她"敲击"。一般只需敲上几轮，她就能安然入睡了。

一开始，你可以先用某种测量工具来记录初始的情绪状态（见第5章的示例），我经常这么做。不过，假如你只是想放松一下，或者想促进睡眠，或者你还在学习这种疗法，那就没必要这么做了。只有你想了解治疗让焦虑水平下降了多少的时候，这么做才有意义。

你可以在治疗前测一次，在完成前4步后测一次，全部完成后再测一次。不过你也可以不测，特别是在你只想用最简单的方式去安抚孩子时。

参照图2，找到正确的敲击位置。

孩子的心理急救

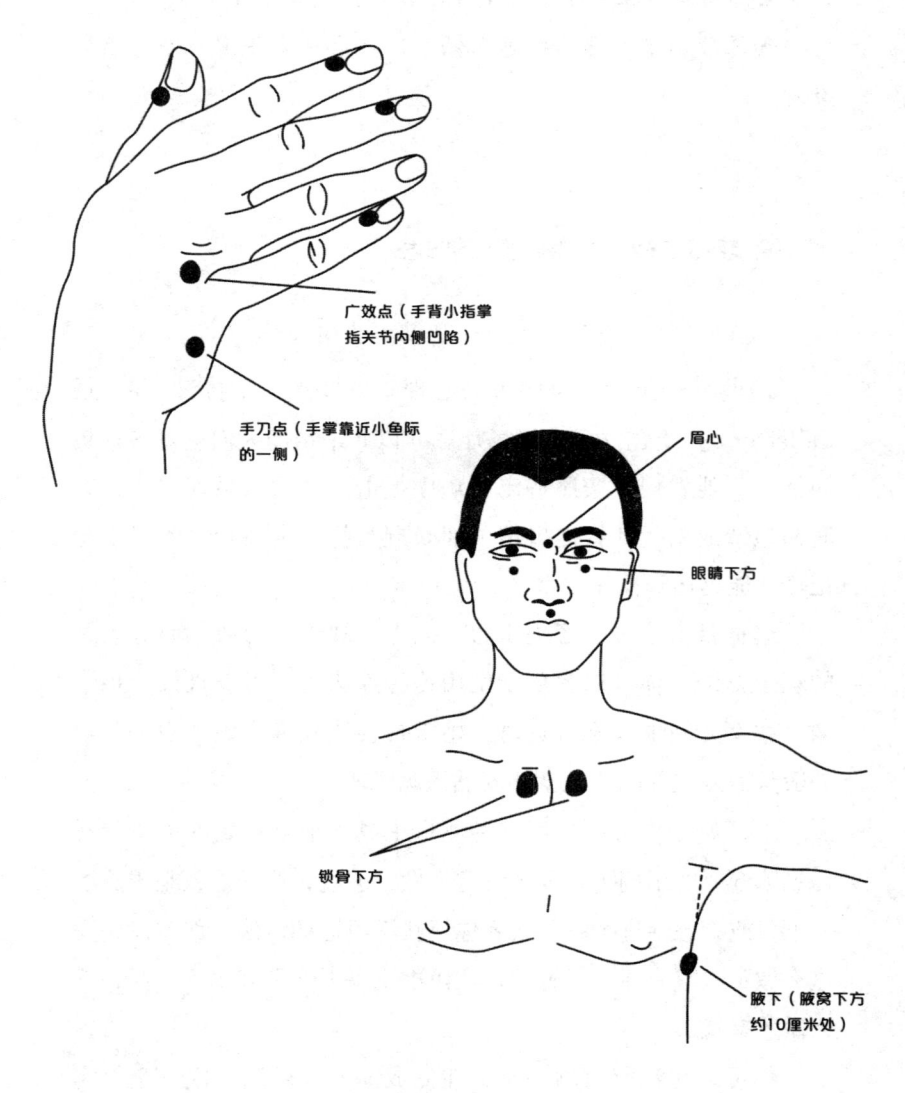

广效点（手背小指掌指关节内侧凹陷）

手刀点（手掌靠近小鱼际的一侧）

眉心

眼睛下方

锁骨下方

腋下（腋窝下方约10厘米处）

图 2

思维场疗法（敲击疗法）

用你的惯用手的两个手指，依次敲击以下部位：

1. 在眉心处敲击5次。
2. 在一侧眼睛下方敲击5次。
3. 在一侧腋下敲击5次（大约在腋窝下10厘米处）。
4. 在锁骨下方敲击5次（锁骨下方、胸骨两侧的有弹性的小凹陷）。
5. 暂停，测量情绪状态（如果你想测的话）。
6. 在手背小指的掌指关节内侧凹陷处（广效点）持续敲击，同时做下面的动作（头放正，保持不动）。
   - 睁眼
   - 闭眼
   - 睁眼，看左下方
   - 看右下方
   - 按顺时针或逆时针方向把眼球转一圈
   - 按相反方向再把眼球转一圈
   - 大声哼一小段旋律
   - 大声从1数到5
   - 再次大声哼一小段旋律
7. 重复前4个步骤。
8. 如果你对情绪的改变感到满意，那么就可以把视线从下方移到上方（头放正，保持不动，眼睛向下看，接着一边把视线从地板上移到天花板，一边敲击手背的广效点）。

如果你需要进一步放松，那么只需重复上面的步骤，直到你觉得负面情绪已经被赶走为止。

我建议每天早晚（睡前）各做一次。鼓励孩子对着镜子做。做得越多，效果越好，见效也越快，而且一旦遇到"紧急状况"，例如，孩子被黄蜂、蜘蛛或狗吓到时，你就能立即知道该怎么做，而不必去回忆具体的步骤了。

敲击疗法联手积极话语

　　结合运用敲击疗法和积极话语还能进一步提升疗效。我曾经提到过，我们的自我对话能影响我们的思维方式。

　　我们很容易陷入消极的自我对话，所以，不管你对参加社交活动或考试有多么自信，那些隐隐的担忧仍旧会不时骚扰你。

　　开始敲击手刀点（手掌靠近小鱼际的一侧），大声读出下面的句子。我很喜欢下面的这一连串表达，因为它们是逐渐递进的，接受起来更为容易。

　　用你认为最适合的内容来补全下面的句子：

- 我想……
- 我能……
- 我将……
- 我已经……

你的表达可以像下面这样：

- 感到平静和放松
- 轻松地入睡
- 记住所有的拼写
- 在考试中获得高分
- 看到蜘蛛时感到很放松
- 说话时充满自信
- 感到快乐和自信

敲击疗法应急简化版

你会发现这一简化版的敲击疗法非常有用，例如，在孩子害怕看牙医或打针时。在公共场合或外出时，完整的敲击治疗可能会不方便实施。

这时你可以这样做：

- 在一侧眼睛下方敲击10次。
- 在一只手掌靠近小鱼际的一侧（手刀点）敲击10次。

如果有必要，你只需重复上面的步骤。我已经把这个方法教给了许多孩子。他们发现，在考试时敲击这些穴位非常有用。

注意：下次堵车时，你可以单手握住方向盘，同时用另一只手轻轻敲打第一只手的手刀点。你会发现堵车引发的烦恼大大减轻。虽然这么做无法疏导交通，也无法让你更快抵达，但你的压力确实会减轻很多！

避风港技术疗法

罗纳德·鲁登（Ronald Ruden）博士是避风港技术疗法的发明者。在过去三十年里，他不断地将神经科学的最新进展融入各种新疗法中。在他于2010年出版的《过去并未过去》（*When the Past is Always Present*）一书中，他介绍了借助感官刺激（抚触）的避风港技术疗法对消除焦虑这种大脑自动反应的作用。

过去十年，罗纳德·鲁登与他的孪生兄弟史蒂文·鲁登（Steven Ruden）博士共同优化了避风港技术疗法，而随着伦敦国王学院多项相关研究的进行，这一疗法也正在得到越来越多的认可。

我在这里介绍的疗法是供你来帮助孩子安抚情绪的。如果你的孩子遭遇了比较严重的创伤，或者患有某种心理障碍，那么我建议你向有资质的专业人士求助。

如果你需要更加详细的指导，那就可以上网去查找关于避风港技术疗法的示范视频。我特别推荐你去看保罗·麦肯纳（Paul McKenna）的视频。

除感官刺激（抚触）外，你还要鼓励孩子想象自己在做某种简单的身体活动，例如，在沙滩上散步、为喜爱的宠物抚摸后背和在蹦床上跳跃。你可以选择你认为适合孩子的任何身体活动，例如：

- 骑自行车。
- 用木勺搅拌做蛋糕的面糊。
- 用一把大梳子梳理头发。
- 在树林里散步。
- 在游泳池里游仰泳。

在教孩子之前，我建议你先在自己身上练习一番。除能进一步熟悉这一疗法之外，你还能顺道体验指尖触动所带给你的那种无与伦比的轻松。

用作自我抚慰的避风港技术疗法

1. 坐下来,两臂交叉放在胸前,用指尖同时抚摸对侧的手臂。
2. 闭上眼睛,想象你正在夏日里沿着美丽的沙滩散步。每迈出一步,就大声数出一个数字,从1数到20。
3. 睁开眼睛,继续抚摸你的手臂。
4. 脑袋不动,移动眼珠向右看,再向左看,再向右看,如此反复约10次。
5. 再次闭上眼睛,想象你最喜欢的宠物正在你身边,你开始抚摸它的后背。每轻柔地、缓慢地抚摸一次,就大声数出一个数字,从1数到20。在整个过程中持续抚摸你的手臂。
6. 睁开眼睛,重复第4步。
7. 再次闭上眼睛,想象你正在蹦床上弹跳。每跳一次,就大声数出一个数字,从1数到20。
8. 睁开眼睛,停止抚摸你的手臂。
9. 你刚刚让大脑进入了 δ 波状态,这一状态能提升你的血清素水平,减少负面情绪。如果需要,继续重复上面的步骤。

更多信息详见www.havening.org。

第8章

引导式视觉化疗法

关于神经语言程序疗法（NLP）

在这一章里，我将向你介绍神经语言程序学等引导式视觉化疗法。尽管名字听着拗口，但神经语言程序学其实很简单。它的原理能帮助我们理解大脑的运作方式，以及我们偶然吸收的外界信息如何成为我们的想法，进而决定我们的行为。

20世纪70年代初，理查德·班德勒（Richard Bandler）和约翰·格林德（John Grinder）在美国加州创立了神经语言程序学。今天，它已经成为最有效的心理疗法之一，广泛运用于沟通、商务、个人发展、心理治疗、教育和医疗领域。学习神经语言程序学能让你更好地掌控自己的想法，进而更轻松地调整情绪，改变行为。

我专门写了一本书来介绍神经语言程序学，即《用神经语言程序学修复你的生活》（*Fix Your Life with NLP*），由西蒙与舒斯特出版公司出版。你可以访问我的网站去了解有关的详细信息。

改变心理图像

回想你上次在电影院或电视上看恐怖电影时的情景。虽然你知道眼前的画面是虚构的,但你仍旧感到非常恐惧,是不是?只要看到可怕的画面,我们就会心悸、手心出汗、手脚发麻或胃部不适。有的人甚至会叫出声来。

这一现象告诉我们,我们的大脑无法分辨一件事是真实的还是虚构的,只要我们看到或想到特定的画面,我们的身体就会做出相应的反应。

要想赶走焦虑,最便捷的方法之一,是快速意识到焦虑念头背后的那些画面并改变它们。你可以借助下面的练习来帮助孩子进行这一训练。

魔法电视遥控器练习

1. 找一处安静的地方来给孩子做这个练习。告诉孩子，恐惧是由他脑袋里的可怕想法造成的，而你要教他用魔法电视遥控器练习来改变这些想法。
2. 使用不会让孩子感到害怕的画面来做这个练习，你可以让孩子想象自己最要好的朋友或最喜欢的影视角色。
3. 让孩子说说他看到了什么。那个人是什么样子？有多高？头发是什么颜色？穿什么衣服？脚上穿的是什么鞋？越详细越好。
4. 让孩子用魔法电视遥控器一步步调整这个画面。从颜色开始，比方说，他能把那个人的头发变成亮绿色吗？
5. 那么衣服呢？他能给那个人换上不同的衣服吗？例如，足球套装、消防员制服或睡衣？
6. 不要忘记鞋子。让那个人穿上一双亮黄色的鞋或者脚尖上缀着铃铛的小丑鞋会不会很好玩？逐一建议孩子把那个人身上所有能改变的细节都改掉，让那个人完全变成另一番模样。
7. 接下来，孩子能让画面中的所有颜色变得特别明亮和夸张吗？让孩子按下魔法电视遥控器上的某一个按钮来实现它。
8. 这幅画面中有什么声音呢？孩子能让那个人唱首歌吗？能让声音大一些吗？能让声音小一些、柔和些吗？
9. 孩子能想象出那个人在房间里滑稽地蹦蹦跳跳和舞蹈吗？如果他看到了这样的画面，那么他觉得那个人会说些什么？那个人会生气吗？还是会笑出声来？
10. 继续摆弄这幅画面。先让颜色变得更鲜艳，更夸张，接着让颜色逐渐变淡，直到几乎看不见。先让声音变得更响亮，接着调低音量，让声音变得非常柔和。让原本活动的画面定格，注意那个人的表情。被孩子这样摆弄，那个人是高兴还是生气呢？
11. 接下来，让孩子按下魔法电视遥控器上的某一个按钮，迅速把那个人变回一开始的样子。注意那个人此时的表情，他（她）更喜欢自己现在的样子，还是刚才那副打扮？
12. 孩子们通常都会觉得这个练习非常好玩。如果你的孩子开始咧嘴笑或大声笑，你就知道他已经能想象出那些画面，并能在上面做手脚了。
13. 最后，告诉孩子，他非常善于摆弄他在脑海里看到的画面，将来感到焦虑时，他可以拿出这一方法来应对。

改变可怕的画面

恐怖的感觉通常都伴随着一幅可怕的画面，而改变这幅画面则能改变相应的感觉。在进行下面的练习之前，你需要首先教会孩子使用魔法电视遥控器，详见第83页的练习。

改变可怕的画面练习

1. 让孩子跟你说说他感到害怕的某个画面或想法，例如，他想象的床下的怪物，或是一些比较现实的情形，例如，害怕第二天去学校被某个孩子嘲笑，或是担心在拼写测验或数学考试中不及格。
2. 让孩子跟你详细说说这幅画面。然后告诉他，现在要把这幅画面改掉。

3. 把画面的颜色调暗,尽量让它变得灰蒙蒙的。
4. 如果画面里还有说话声、音乐或其他声音,就用魔法电视遥控器调低音量。
5. 继续用这种方式调整画面。把画面变成黑白,并且擦除掉所有声音。
6. 现在,把画面缩小,直到它成为一个点。
7. 现在,孩子面前只剩下了一个点,他可以选择如何处置这个点。例如,按下魔法电视遥控器上的某个按键,把它完全删除,或是用更好玩的方式来处置它。也许孩子更喜欢把它抓在手里扔出窗外,扔得远远的。鼓励孩子用他喜欢的任何方式让这幅画面从他的脑袋里彻底消失。
8. 接下来,让孩子按下脑中的魔法电视遥控器上的"关闭"按钮。毕竟,你平时看到不喜欢的电视节目就会把它关掉,不是吗?

最后,你可以让孩子换上一幅好看的画面。孩子最喜欢的电视节目是什么?鼓励孩子想出一幅能让他感到更放松、更舒适的新画面。

孩子更喜欢某个超级英雄的画面,还是家里宠物的画面?甚至是他从事某种爱好的画面,例如,骑自行车或踢足球,只要能让孩子感到非常舒服,非常开心,什么画面都可以。

注意:这个练习还有一种玩法,那就是让孩子把他感到害怕或是他在噩梦里见到的画面画出来。接下来,你可以让孩子改变画面的细节,例如,在怪物身上画笑脸。只要能让画面变得可爱起来,怎么改都行。

控制音量

我们总是能听到周遭的各种声音，我们也总能听到我们脑袋里的声音，即我们的"自我对话"。总有人怀疑，这样的对话是否存在，但如果你不确定你脑中是否有这样的对话，那就可以默默地问自己："我的自我对话在哪里？"这时你就能听到了。

意识到这个声音的存在，并且意识到自己有能力改变它或是把它完全关掉是非常有用的。这个声音并不总是对我们有好处。例如，它告诉我们所有科目都可能考不及格，让我们担忧不已。每次照镜子，它都会毫无建设性地告诉我们，我们的外表不够完美。要是我们在学校听到朋友或老师批评自己，它就会固执地把那些批评反复播放好几个小时，乃至好几天。

甚至于，看到网上的评论后，我们也会下意识地给它们配上话音和腔调。我们把自己的理解加入我们读到的内容之中，于是我们常常会不经意地把他人发来的信息歪曲一点点：

- 你发给我的信息太吓人了……
- 没有，那只是个玩笑，我只是想幽默一把……
- 你今天的话听起来有点奇怪……

请注意，最后一句话里有"听起来"三个字。由于这是一条文字信息，所以你能听到的唯一的声音只能来自你自己！

帮助孩子熟悉他的自我对话，让孩子有能力来改变它，这么做能提升孩子抵御外界的苛刻批评和心里的消极想法的能力。

控制音量练习

第一部分

1. 把房间里的各种控制装置指给孩子看，例如，可以打开和关闭的电灯开关和可以旋转的调光开关。有的开关是旋钮，有的是杠杆，还有的是按钮，例如，电视机的遥控器。
2. 让孩子闭上眼睛，把他脑子里用来控制声音的音量控制器仔细端详一番。
3. 它是什么颜色？是什么形状，是圆的、方的，还是长的？
4. 这个开关是旋钮、杠杆、按钮，还是电子样式？
5. 孩子能注意到现在的音量停在哪个档位上吗？开关上有没有标注从1到10或更高的数字？有没有标注"小、中、大"的字样？
6. 现在，让孩子睁开眼睛，鼓励孩子把这个音量控制器画出来，这样孩子就知道它到底长什么样子了。较小的孩子也可以只说不画，由你来代笔。较大的孩子（青少年）也可以用文字来描述音量控制器的样子，例如，在手机上打出来。

注意：如果你的孩子很难想象出音量控制器的样子，你就可以用语言来提示他，例如，"假如你已经有一个音量控制器了，我想知道它是什么样子的。"或者，"如果有各种各样的音量控制器来供你挑选，你觉得哪一种控制器最好用？"

第二部分

1. 告诉孩子，他已经知道自己的音量控制器是什么样子了，现在可以测试和摆弄它了。

2. 让孩子想象他的脑海里正在播放一段音乐，例如，生日快乐歌、孩子最喜欢的电视节目的主题曲，或者孩子喜欢的其他曲子。

3. 在孩子能听到这段音乐的时候，让他把音量调大一些，然后再大一些。给孩子留出充裕的时间来完成上面的步骤，鼓励孩子注意他需要怎样操作音量控制器才能改变音量。

4. 现在，看孩子能否把音量调小，让脑袋里安静一些，然后再安静一些，也许听来就像在说悄悄话。

5. 现在，让孩子一点一点地把音量调大，直到脑海里的声音大到倘若真的播放出来肯定会吵到邻居，会惹得狗开始叫，会把孩子吓哭（多加入一些细节，增加趣味性）的程度。

6. 现在，让孩子把音量调低到可以接受的水平。最后，把声音完全关掉。

7. 让孩子说说，他是如何把音量调高又调低的。说的时候可以参考他先前画的图。

注意：虽然我设计这个控制器是为了调节自我对话的音量，但你也可以让孩子用它来改变自我对话的音色，例如，米老鼠、海绵宝宝等任何孩子觉得好玩的音色，好让它听来更加滑稽可笑。

如果孩子能把霸凌者的话变成听上去非常可笑的声音，那么那些话就不会显得那么难听和刻薄了。这样一来，面对批评或侮辱时，你的孩子就更可能会一笑置之，不再受到它们的困扰。

注意：有人可能会怀疑是否有必要专门练习"控制音量"，因为上一个练习中的魔法电视遥控器上面应该有相应的按钮来改变自我对话。我之所以让它单独成为一个练习，是因为我认为它更适用于画面缺失的情形。例如，你有没有打过让你非常窝火的电话，事后久久都无法忘怀？你们的沟通不是面对面进行的，也就是说，你很可能"看不到"任何画面，所以我才用这个练习来专门应对这类情形。

停止按钮

在想象中设置一个"停止按钮"是摆脱反复出现的念头的另一个好办法。这类念头就像困在脑袋里的虫子，不断骚扰我们，让我们感到厌烦，同时还可能造成更严重的影响。在这种情况下，我们可能会觉得有念头侵入了我们的大脑，甚至还对我们发号施令。强迫症和强迫性念头就是这样。那些念头似乎在命令我们按照特定的方式行事，尽管我们知道自己不想那么做。

我们脑袋里的想法并不会都转化为行动，记住这一点非常有用。我们经常会忽略一些想法。例如，假如有交通管理员在我的车上贴了罚单，我可能就会生气地想，"我真想揍他一顿！"不过，我当然不会这么做。这只是一个念头，而且我很容易就能忽略它，不会受它摆布。

实际上，每天出现在我们脑袋里的许多想法都会被我们轻易地忽略掉。例如，"我得熨衣服了"，或者"我得报税了"，这类念头很容易被我们抛到一边。

我打赌，你的孩子也有这类念头，例如，"我该做作业了"，或者"我得收拾早上要背的书包了"，甚至"我得上楼准备睡觉了"。孩子们也很容易把这些念头抛到脑后。

停止按钮练习

1. 鼓励孩子设计一个想象中的"停止按钮",只要按下它,脑子里那些没用的念头就能立刻消失。

2. 让孩子闭上眼睛,花点时间想想这个有特殊用途的按钮会是什么样子。

3. 给孩子一些具体的提示。例如,我不知道你的按钮是圆的、方的还是三角形的。但我知道,你现在应该能清楚地看到它了。

4. 你的停止按钮是什么颜色?我不知道你会选哪种颜色。是红色?蓝色?绿色?黄色?还是橙色?我想知道你想象中的那个按钮是什么颜色。

5. 继续温和地引导孩子设计他的停止按钮,确保孩子有充足的时间去想象。鼓励孩子大声告诉你他看到的按钮是什么样子,同时把孩子谈到的细节记下来。

6. 接下来,让孩子睁开眼睛,把他想象中的停止按钮画出来。

7. 在孩子画他的停止按钮的时候,坐在孩子身边,也许你也想画一张你自己的停止按钮。

8. 画完后,告诉孩子,下次有讨厌的念头或声音闯进脑海时,他就可以按下停止按钮。

9. 现在练习一下。让孩子再次闭上眼睛,想象自己用力按下停止按钮。接下来,让孩子再次说出他需要怎样操作这个按钮才能让那些念头停下并且消失。

10. 测试过几次后,你可以趁孩子高兴让他把画好的停止按钮贴到显眼的地方,例如,墙上或冰箱上。将来孩子再次遇到挥之不去的念头时,你就可以大声提醒孩子:"按下停止按钮!"

11. 脑中有了这幅画面后,孩子控制起情绪来就会容易很多。

注意:如果将来有一天,你发现停止按钮失灵了,那么就让孩子重新画一张停止按钮。告诉孩子,这个按钮需要修理一番。在引导孩子想象的过程中,你可以提醒孩子为他的按钮做一些改变:

- 如果按钮再大一点会不会更好?
- 要不要改变按钮的形状?
- 颜色呢?你想给按钮换个颜色吗?
- 把按钮换成一个你能伸手去拉的把手怎么样?
- 如果按钮能发出声音会不会更好?
- 轮船的汽笛声或者牛哞哞叫的声音怎么样?或者一个人喊"停"的声音?如果是这样的话,谁来喊?找个超级英雄来喊怎么样?
- 你可以上网搜罗一些声音,接着让孩子从中挑选一个。

我也发现,让孩子去想象一列"念头火车"也很有效。我们可以把脑袋里的想法想象成一列火车,它从左边或右边开进我们的脑袋。接着,我们可以决定是否允许它进站停车。把脑袋中间想象成车站。如果你能控制自己的念头,你就可以选择要么让火车进站(这时你就会注意到这些念头),要么让它加速驶离车站(这时你就会忽略这些念头)。

如果孩子更喜欢这幅画面,你就可以用它来代替停止按钮。

经过学习，我们也有可能按照同样的方式把那些没用的、讨厌的，或者可怕的念头永久地清除掉。这些念头本身是没有力量的，它们的力量完全是我们给予的。既然如此，我们也可以把这些力量收回。

你可以跟孩子一起做上面的练习。如果孩子愿意，你也可以同时让孩子用彩笔在纸上画画。我比较推荐画画这种形式，因为你能清楚地看到孩子有没有把自己的"停止按钮"想清楚。较大的孩子和青少年可能不愿意画画，不过我认为用笔写出来或者用手机打字也同样有效。

把感受调转方向

焦虑能让我们的身体产生许多种感受，例如心慌、喉咙里像是有异物、恶心和四肢发麻。

要想让我们的身体"感知"到某种感觉，这种感觉就必须是活动的，即这种能量必须不停地在我们的身体里流动。例如，假如我走到你身边，用力踩你的脚，你肯定会感到疼。如果我用同样的方式再踩一次，你还是会感到疼。

但有趣的是，如果我走到你身边，把我的脚径直踩到你的脚上，并且保持不动，那么只要过一小会儿，疼痛就消失了。你的脚会习惯我施加的压力，那种感受已经跟我刚刚踩上去的时候完全不同。

同样的道理，如果我拿一根针去扎你的胳膊，接着再把针快速地拔出来，你也一定会感到疼痛。但是，如果我把针插进去，接着让针待在那里，那么你同样也会习惯这种感觉，你的感受也同样会跟我把针刚刚扎进去的时候完全不同。

感受转向练习

1. 下次孩子感到焦虑时，你就可以问他，他是在身体的哪个部位感受到焦虑的。如果孩子不确定是哪里，我往往就会开玩笑地说："你是在鼻尖上感觉到的吗？还是在大脚趾上感觉到的？"我这么问往往会逗笑孩子，但同时也会给孩子一些启示，于是孩子就会回答："不是，是在我的肚子这里。"
2. 让孩子用手指指出焦虑所在的身体部位，同时说出焦虑移动的方向。焦虑可能会按照顺时针或逆时针的方向绕小圈，也可能会从头顶移动到脚，再从脚回到头顶。孩子的手指需要跟着焦虑移动。焦虑走到哪儿，孩子的手指就要指到哪儿。
3. 现在，让孩子说出这种感觉在此时此刻是什么颜色，他们觉得能准确表达此刻感受的任何颜色都可以。
4. 接下来的步骤可能看上去会有些奇怪，但你要坚持做下去。用你的两只手，假装把孩子的焦虑从他的身体里揪出来。这个场面可能会非常好玩。接下来，你把"感觉"拿在手里，做一个夸张的动作，把它调转方向。
5. 现在，把它重新装回孩子的身体里。由于你已经把它翻转过来，所以这种感觉将开始反方向移动。如果刚才是顺时针旋转，现在就是逆时针旋转。如果刚才是从头移动到脚，现在就是从脚移动到头。
6. 让孩子继续用手指指向这种感觉，并且跟着它移动。鼓励孩子去体会那种感觉已经变得多么不一样。因为我们已经调转了焦虑的方向，所以现在的新感觉将会是积极、快乐、自信的。
7. 让孩子为这种新感觉换一种颜色。如果刚才它是红色，现在就可能会被孩子变为蓝色。
8. 接下来，让孩子把这种新感觉的移动速度加快，例如，用比从前快十倍的速度旋转或移动。这么做会让新的积极感受变得更加强烈。
9. 最后，让孩子在这么做的同时去想一些好事，例如，好朋友、家里的宠物或巧克力冰激凌。这些新的念头将会让新的积极感受进一步放大。

为了让我们感受到焦虑，焦虑的感觉就必须在我们的身体里移动或者振动，因为一旦它停下来，我们很快就会忽略它。诸如"心惊肉跳"这样的说法十分精准地描述了人在焦虑时的感受。

好感觉的移动方向往往与不好的感觉不同。如果你能弄清感觉移动的方向，你就有机会改变这一方向，进而把焦虑转变为舒服的感觉。

我曾经给一个孩子做治疗，他说自己的焦虑是"在我的肚子里蠕动的许多条黑色虫子"。我相信，你一定能明白我为什么能用这一"把感受调转方向"的方法改变他脑中的画面，进而显著地缓解了他的问题。

和解练习

我们都知道那种感觉——我们本想改变某个习惯或行为，却被一些"继发性获益"[①]或恐惧说服而决定一切照旧。

有多少人想减肥，同时却不想放弃每天的拿铁和松饼？有多少人想提升健康水平，每周去五次健身房，同时却不想每天早上提前一小时起床，或下班后晚一点回家？

这些是比较明显的例子，还有不那么明显的。例如，你的孩子怕黑，于是每晚都要爬到你的床上。这时，与妈妈或爸爸一起睡成了更大的驱动力，而克服怕黑的好处则已经不再那么

[①] 继发性获益，secondary gain，又称为"次级获益"，指利用症状操纵或影响他人，从而得到实际利益。——译者注

重要了。

我们再举一个例子。一方面，你的孩子非常喜欢表演或唱歌，但另一方面，他同时也非常害怕登上舞台当众表演。（这时，你可以先让孩子参加小范围的表演活动。）

也许你的孩子很想跟朋友一起睡觉，但睡在自己的小床上的那份安全感又让他无法走出舒适区。

如果家里的某个孩子因为存在某种恐惧而得到了更多的陪伴和关注，那么他更担心的或许是病治好了该怎么办，而非治不好该怎么办。毕竟，他已经熟悉了自己的恐惧或焦虑，甚至已经形成了一些与恐惧或焦虑共处的应对策略。

当内部阻力存在时，成功就会变得更加难以实现。这时，你得跟孩子谈谈，让他知道这些负面情绪是有意义的——它们想保护他，它们的出发点是好的。因此，即使孩子觉得自己被相反的力量拉扯，两方也都是在为他考虑。但问题在于，这些过度紧张的感觉正在搞破坏，让他无法得到他真正想要的东西。任何时刻都不能忘记最终的目标——孩子真正想要什么？

- 怀着轻松的心情去上学，并且见到他无比想念的朋友们。
- 在舞台上快乐而自信地表演。
- 安心地睡觉。

鼓励孩子认识到，如果他"一方面"希望某些事情有所改变，"另一方面"又希望它们保持不变，那么这种感觉是非常正常的。

下面这个练习能帮助相互矛盾的想法达成一致，进而使孩子能够做出一些改变。

和解练习

1. 跟孩子谈谈，帮他找出他对改变焦虑状态所怀有的所有担忧、疑虑或信念。你最好能让孩子把它们写在一大张纸上，甚至画出来。

2. 接下来，站在孩子面前，让他伸出两只手，掌心向上摊开。让孩子想象，主张积极行动的那个自己在右手手掌心，而比较消极的、有点担心那个自己在左手手掌心。

    例如：想去公园和朋友一起玩的那个自己在右手手掌心，而害怕狗、不想去公园的那个自己在左手手掌心。

3. 让孩子看着自己的左手，努力想象那里有感到担心的那个自己。

4. 然后，让孩子看着自己的右手，努力想象那里有自信、快乐、能够克服恐惧的那个自己。

5. 在孩子依次看向每只手的同时，让孩子分别说出两个自己的良好意图。不断地询问类似的问题，直到孩子能清楚地认识到，两个自己都想要同一个结果——让自己舒适和安全。

6. 虽然一开始会显得有些奇怪，但你还是要继续进行上面的步骤。这么做能提升孩子的自信。我们常常不喜欢阻碍自己实现愿望的那个自己，这个练习能帮助我们与那个看似消极的自己"交朋友"。这就像是休战，让争斗从此停止。

7. 现在，当孩子向下看两手之间的空隙时，让他想象有一个"超级厉害的自己"出现在那里。他不仅能让先前的两方都满意，还能成功地做成各种事情。

   以前面那个因为怕狗而不敢去公园和朋友玩的孩子为例：这个超级厉害的自己可能会想出一些好主意。例如，每周去有狗的亲戚家两次，每次5分钟，以此来逐渐适应与狗接近的感觉，或者找一个信得过、能保证自己安全的成年人或朋友一起去公园。

8. 在孩子继续看向两手间的空隙的时候，鼓励他尽力去看清楚那个新出现的超级厉害的自己。他就是问题的解决方案。孩子或许一开始看不清楚，但只要你持续不断地暗示，他可以，并且一定会把问题解决掉，他就能看得更清楚了。

9. 现在，让孩子把两只手合在一起，让先前的那两个自己和后来出现的超级厉害的自己合并成一个新的超级厉害的自己。

10. 让孩子把两手举到胸前，让这个新的超级厉害的自己进入身体，成为自己的一部分。鼓励孩子在这样做的同时闭上眼睛，想象不同的自己和解后的崭新未来是什么样子。

经常帮孩子做这个练习，你会发现他心里的冲突越来越少。

心锚

我们身体的各种感觉、情绪和反应可以被各种事物所激发，而不只由我们的想法所驱动。如果外部刺激（触发物）与身体的特定反应之间形成了条件反射，这样的联系，就是**心锚**。也就是说，我们所处环境中的某样东西，例如某种声音、某种气味、某段音乐、某个想法，能够让我们的身体产生特定的反应。这种反应可以是快乐、悲伤、紧张、焦虑、自信和欣喜等等。这些反应是自动发生的，你很难控制，除非你能意识到这其中的联系。

心锚就在我们身边。我们可能会因为听到某段音乐而在心里涌起很多情绪，例如，街上冰激凌车播放的音乐能勾起许多人的童年回忆。

某些气味可能会让我们的身体产生特别强烈的反应，例如，某种香水可能会让你想起第一次约会时的兴奋。然而与此同时，曾经害你食物中毒的食物的气味或许也足以唤醒你过去的糟糕感受。

许多人都说，母亲做的苹果派或维多利亚海绵蛋糕是这个世界上最美味的东西，这并不奇怪，因为让人产生这种反应的不仅仅是它们的味道，还有它们所连带的关爱、舒适和安全感。

心锚是最受欢迎的神经语言程序学技巧之一。它做起来很容易，但效果却非常好。有了它，你就可以自由地让自己进入喜欢的状态，而你要做的只是按下一个按钮。

刺激与反应之间的联系最初是由杰出的俄国科学家伊万·巴甫洛夫发现的，他用狗做了一个著名的实验。我们知道，只要给狗喂食，狗的嘴里就会开始流口水，但巴甫洛夫还会在喂食的同时摇铃铛。这样一来，狗很快就把摇铃和食物联系了起来。接下来，巴甫洛夫发现，单单是摇铃铛的声音就足以让狗流口水，哪怕当时不是喂食时间，狗也无法看到或闻到任何食物。即使狗不饿，它们的身体也会自动产生反应（流口水）。

神经语言程序学运用同样的原理来建立心锚。不过在这里，我们可以有意识地建立与我们想要的状态相关联的心锚，而非只是去应对那些在我们的生活里随机形成的、我们所不想要的心锚。

用这样的方式来建立心锚是一项非常有用的技能，它能让我们把不想要的感受转变为想要的感受，例如，从紧张到放松，从愤怒到平静，从自我怀疑到自信，以及从悲伤到快乐。

在下面的练习里，我将介绍如何帮助孩子建立能够让他感到自信和平静的心锚，即主动让孩子的大脑在一系列特定的感受和某一刺激之间建立起"连接"。

通常，我们需要让孩子去想象美好的事物和感受，同时要求他把惯用手的中指和拇指紧紧捏在一起。多次训练后，这个动作就会成为"扳机"或者触发器。在将来的某一时刻，孩子就可以通过它来触发自己想要的感觉。例如，如果你的孩子需要上台表演，并且他对这件事感到非常紧张，那么你就可以帮他建立一个能够触发积极感受的心锚。这样一来，在孩子登台前，他就可以再次把中指和拇指紧紧捏在一起，让身体分泌出能让自己拥有好感觉的化学物质，就像铃声让巴甫洛夫的狗分泌唾液一样。

我曾经多次对孩子们使用这一技巧，发现它非常有效。

建立自信的心锚练习

注意：你将帮助孩子创建一个"扳机"来触发美好的感觉。通常，这个扳机动作是把惯用手的拇指和中指紧紧捏在一起。如果孩子觉得这样做很别扭，你还可以让他把手捏成拳头。

如果孩子很难想象出清晰的画面，你就可以提醒他，这是一项需要时间来慢慢掌握的技能，有点像学习默读。虽然一开始会比较困难，但所有人都能慢慢掌握。

让孩子在脑中想象画面的替代的做法是让孩子画画。过后，他就可以把画贴到自己卧室的墙上，以供触发感受之用。

1. 找一个舒适又安静的地方，跟孩子一起坐下来，鼓励孩子放松，例如，让孩子对着假想的纸袋缓缓地吹三口气。

2. 让孩子找出记忆里他感到特别自信和快乐的某个时刻。努力帮孩子搜罗一番，直到找到他此刻想要重温的美好过往。

    例如，如果孩子对参加朋友的生日聚会感到紧张，那么你能帮孩子想起他曾经玩得很开心的某场聚会吗？你要尽可能去搜罗孩子感到特别自信和放松的那些时刻。

3. 让孩子闭上眼睛，回到那个美好的时刻。让孩子注意他看到和听到的一切，感受那一刻的美好和快乐。你可以让他跟你说说当时的情景，说说这一时刻的特别和美好之处在哪里。

4. 为了帮助孩子想象这幅画面，你可以让他把画面放大一些，把颜色调得明亮、鲜艳些。如果孩子的这段记忆中有声音，那么就把音量调大。详见前面的魔法电视遥控器练习。

5. 接下来，让孩子把这幅画面再放大一些，以此来让自己跟那幅画面靠得更近。

6. 孩子能在这幅画面中看到自己快乐的样子吗？这是孩子感到特别快乐、自信和成功的时刻。

7. 当与这段记忆相伴的感受变得更加强烈时，让孩子把惯用手的拇指和中指紧紧捏在一起，把那些美好的感受全部压缩在指尖。

8. 保持一分钟，然后松开手指，让手放松，睁开眼睛。

9. 现在，再找几段孩子曾经感到非常自信和成功的回忆，跟孩子聊聊那些时刻。例如，老师表扬了他的作文，或是他第一次骑自行车没有摔倒，或是他做到了他怀疑自己能否做到的事情，又或是某件好玩的事情让他笑个不停。

10. 从中再选出两幅画面。重复上面的第3步，鼓励孩子用夸张的色彩、声音和感受来回忆当时的情景。在孩子这样做的时候，让他再一次把中指和拇指紧紧捏在一起（或者攥紧拳头），把那些美好的感受全部压缩在指尖。

多次进行这样的练习后，孩子的"自信的心锚"会变得更有力量。重复是强化心锚的关键。

告诉孩子，每当他需要让自己自信起来的时候，他都可以运用这个心锚，例如，在登上足球场准备比赛、在课堂上大声朗读、参加考试，或者只是去朋友家玩耍的时候。

孩子需要做的只是再一次把中指和拇指紧紧捏在一起，之后，他的身体就会自动充满能够带给他美好感受的化学物质，进而使他能够拥有更强大的心态去面对外部世界。

你也可以趁孩子感到快乐的时候鼓励他把中指和拇指紧紧捏在一起，以此来帮他强化这一心锚，例如，在他吃巧克力冰激凌或是在他被自己最喜爱的电视节目逗得哈哈大笑的时候。

建立其他心锚

你已经了解了建立心锚的大致过程，现在就能帮助孩子建立关联其他情绪的心锚了。

例如，你可以帮孩子建立"平静的心锚"来驱散考场上的紧张情绪或帮助入睡。找一些记忆中的放松时刻关联到心锚上，例如舒舒服服地泡在浴盆里，躺在软软的沙发上看喜欢的电视节目，或是在阳光明媚的海滩上悠闲地晒太阳。

同样地，在需要静心、放松的时候，只需捏紧拇指和中指，孩子就能再次触发这些感受。

注意：如果你想建立一个以上的心锚，那么我建议你使用不同的手，例如，用左手建立平静、放松的心锚，用右手建立自信、充满活力的心锚。

增强自信

在某些场合,孩子需要额外提升自信,例如,试镜、音乐演奏会、舞台表演和面试。这时,孩子如能掌握以下这一技巧将会非常有用。

这个练习做得越多,孩子所感受到的自信就会越强烈。等到困难处境真正来临时,孩子就可以再次捏紧拳头或拇指和中指,让所有的美好感觉再次充满身体。这么做将能帮助孩子充满自信地应对挑战,实现自己预期的结果。

感受自信练习

1. 用粉笔在地上画一个圆圈，或者用绳子摆一个圆圈，你也可以拿一个呼啦圈放在地上。

2. 你和孩子站在圈外。让孩子想象即将面对的困难处境，并且跟你一起聊聊这件事。让孩子花点时间想想，到时会有谁出现？那里是什么地方？整个过程会持续多久？理想的结果是什么？

3. 鼓励孩子思考他到时需要什么样的感受或能力。例如，试演或舞台表演需要一点明星气质；工作面试需要自信大方，思维敏捷；考试或体育比赛需要冷静和专注。

4. 让孩子摆出自我感觉良好的、自信的站姿，例如，两腿分开，双手叉腰。让孩子在脑中想象他所期待的未来画面。你可以让孩子跟你说说他看到了什么，必要时可以给他一些提示。

5. 现在，让孩子找出他曾经拥有步骤3中所需的那些感受或能力的时刻。例如，即使是首次登台，他的歌声仍旧十分嘹亮。或者，他在朋友的生日聚会上展示了自己充满激情的舞蹈。同样地，如果孩子面对的是求职面试，你就可以鼓励他回想自己自信满满地向亲朋好友宣布毕业后要做什么工作的情景。如果孩子即将走上考场，你就可以让他回想曾经超水平发挥的某次考试。

6. 确定了用来回想的成功时刻后，让孩子走进那个神奇的圆圈，闭上眼睛，再次重温那一幕。跟孩子一起讨论，鼓励他去看，去听，去感受他过去看到、听到和感受到的一切，让所有的感觉逐渐真切起来。随着画面越来越清晰，他的感受也会变得越来越强烈。你可以让孩子把那幅画面的颜色调得更亮，把声音调得更响（详见前面的魔法电视遥控器练习），以此来让眼前的画面变得更加美妙。

7. 让孩子捏紧拳头（适用于较小的孩子）或惯用手的拇指和中指（适用于较大的孩子和青少年），以此来把所有的美好感受压缩在这个动作当中，至少保持30秒。

8. 接下来，让孩子把手松开，睁开眼睛，走出圆圈。

9. 现在，让孩子思考，为了应对未来的困难处境，他还需要哪些感受或能力？然后，再次让孩子找出他曾经拥有那些感受或能力的时刻。

10. 让孩子再次回到圆圈中，重温这一记忆，重复步骤6和步骤7。

11. 完成后，让孩子睁开眼睛，走出圆圈。

12. 让孩子放松。现在，建议他想出一个能够在未来的困难处境中为自己鼓劲的朋友（真实的朋友或假想的朋友），哪怕是家里的宠物或喜爱的影视角色。

13. 让孩子跳回圆圈里面，再次重复步骤6和步骤7，让他感受这个伙伴在他身边为他鼓劲的所有美好感觉。

14. 让孩子走出圆圈，睁开眼睛。

15. 把孩子在未来的困难处境中所需的所有感受和能力压缩到具体的动作中后，再次让孩子跳进圆圈。

16. 现在，让孩子闭上眼睛，想象一切正如他期待的那般发生。与此同时，为孩子描述事情从开始到结束的整个过程。在这当中，让孩子捏紧拳头或拇指和中指，让他一边在想象中预演即将面临的困难处境，一边任由美好的感受自动充满他的身体。提醒孩子注意某些细节，例如他会穿什么衣服，会在那里见到谁。让孩子注意自己自信的姿态、沉着的表情、坚定的语气、内心的力量和脸上轻松的笑容。这一切都在告诉他——一切进展顺利。

17. 孩子可以想象那个圆圈有某种好看的鲜亮颜色，也是在他看来代表自信和成功的颜色。

18. 当孩子闭着眼睛站在圆圈里时，让他想象这种颜色正像雾气一样在他的周围升起，继而盘旋着从他的头顶升向天空。

19. 你还可以让孩子在想象中加入一些细碎的星光，让整体的气氛变得更加迷人，然后鼓励他去享受"一切皆如所愿"的这一刻。

20. 最后，让孩子睁开眼睛，松开手，走出圆圈。

畅想未来

我在这里介绍的许多技巧所针对的都是如何把负面感受带走。如果一个人的焦虑或抑郁已经持续了一段时间,那么摆脱这些感觉可能还会让人有些不适应。虽然这些感受有时是不舒服的、有些讨厌的,但是,经过一段时间后,我们的身体就会对这些感觉习以为常。这时,从一定意义上说,它们反而成了"正常的"生活方式。

负面感受被清除后,我们的身体里会留下空缺,由此产生的不适会促使我们的大脑把旧的感受搬回来,因为有总比没有好。所以我们才会听到有人说,他们尝试了某种疗法或某些手段来摆脱焦虑,可尽管一开始很有效,后来就不管用了。通常,这是因为新的思维和感觉方式还没有在内心扎根。

下面这个技巧可以用来帮助孩子熟悉和体会新的感受,你可以根据孩子的实际情况对它做出调整。

畅想未来练习

1. 首先，孩子需要花一些时间在一个舒适的地方放松，例如，躺在床上，瘫坐在沙发上，甚至躺在浴缸里。你甚至可以在花园里做这个练习，让孩子在树下放松。你还可以趁停车等人的空隙为后座上的孩子做这个练习。一天当中不乏这样的好机会，我们要不失时机地把握。

2. 让孩子闭上眼睛，想象自己坐在电影院里，前面是一块巨大的银幕。

3. 今天，他将观看一部非常特别的电影———一部关于他自己的灿烂未来的电影。

4. 为这部电影拟一个合适的片名。此外还要有配乐。有喜欢的音乐可以使用吗？最好是能够让孩子一想到自己的未来就感到非常快乐、向往和自信的音乐。

5. 让影片开始播放。这是一部关于未来的短片，孩子能够看到，未来的一切都如他所愿。影片中的场景可以是某次试演、面试或舞台表演，可以是去看牙医、看病或住院，也可以是孩子一直在担心的其他任何场景。

6. 孩子开始观看影片后，让他把画面的颜色调得更明亮、更夸张、更强烈，声音也要调得更大。

7. 让孩子注意眼前的画面。他能在影片里看见自己吗？他有没有在里面四处走动，与人交谈？他还能看到什么？告诉孩子现在无须回答，只需认真观察。

8. 让孩子认真看，仔细听，用心体会这部影片带给自己的感觉有多么美妙。这就是一切皆如孩子所愿的那个未来。

9. 任由孩子投入地享受这一刻。告诉他，他还能自由地更改眼前的画面，好让自己更加快乐。他是那块银幕里的主角。孩子在其中看到自己的时候，他能否注意到与自己有关的诸多细节？例如，穿了什么衣服？走路是什么姿势？脸上有什么表情？在理想的情况下，孩子会看到自己自信满满，脸上挂着灿烂的笑容。如果不是这样，那么就让孩子放开手脚，把眼前的画面改成比刚才好十倍的样子。把颜色调亮，把声音调大也能让孩子的感觉变得更加美好。

10. 过一阵子后，你可以让孩子睁开眼睛，跟你聊聊这件事，这么做能让孩子脑中的想法更加清晰。

记住，这个练习旨在让孩子更有信心地去克服眼下的各种困难。练习过后，孩子的想法会变得更加积极。

第4篇

付诸实践

在这一篇里,我将介绍我是如何使用我在前几篇里详述的技巧和策略来治疗我的诊所里的孩子的,希望这些内容能帮你了解如何有效地使用这些技巧和策略。

你会发现,我常常会重复使用同样的技巧。这是因为,不同孩子的恐惧在结构上往往大同小异,只是细节略有不同。

这一点的好处是,一旦你理解了焦虑如何由大脑产生,以及如何应对,你就能更加轻松地解决孩子的问题。

需要记住的是,这些技巧虽然非常有效,但我们只能把它们视作"急救"措施。如果孩子的焦虑和恐惧持续存在,难以驱散,那就要咨询医生,寻求进一步的帮助。

第9章

担 忧

我们很容易把担忧当作轻微的焦虑，或是某种无须重视的东西。担忧和焦虑只有一点不同，那就是担忧只存在于人的脑袋里，而焦虑则能够在身体上感受得到。担忧和焦虑都是人对尚未发生的事情的反应。这些事情可以是真实的，也可以是凭空想象出来的。如果不加以控制，担忧可能并且确实会转变为焦虑，所以，我们最好把担忧消灭在萌芽状态。

问题是，我们已经进入了信息时代，不论我们是否愿意，各种新闻都会源源不断地飘进我们的家门。所以，若是哪里发生了恐怖袭击或自然灾害，我们是很难不让孩子听到其中那些可怕的细节的。

如果孩子对那些从未发生、将来也不大可能发生的事情产生了疑问或担忧，那么你回答起来是颇为费力的。而且，你还很容易在孩子幼小的心灵里埋下担忧的种子。对于这件事，你可以借助下面的这些措施来帮助自己轻松应对。

1. **做好准备**。提前想好说什么，怎么说。在电视新闻给孩子带去焦虑的时候，想要装出一副满不在乎的样子，并且保证"没什么好担心的"有时并不是一件容易的事。你可以向别的父母取取经，问问他们会如何跟孩子解释，这么做或许能让你得到一些有益的启发。

2. "我会遇到这种事吗？"孩子心里首先会这样想。他会想要知道，这件事对自己的安全有什么影响？会不会在家门口发生？告诉孩子，这种事发生在"很远很远的地方"，让孩子放心。孩子或许对距离没有概念，这时你可以拿出地图或地球仪来指给他看。

3. 多给孩子一些时间。多陪孩子一会儿，特别是在睡觉前，仔细听孩子讲述他担心的事情。每个孩子都不一样。对于同一条新闻，不同年龄和气质的孩子会有不同的理解。如果你给孩子提供了过多的信息，那么孩子的担忧反而可能会更重。所以，你要尽量去弄明白，孩子究竟在担心些什么。情况可能并没有你想象的那么严重，也许一个简单的答复就足够了。

4. 共情。你可以对孩子说下面这些话，例如，"我发现你有点担心/害怕/焦虑，这很正常。发生了这种事，确实太可怕了。"

5. 避免使用否定性的负面言辞，例如：

・不要担心。

・别再想那件事了。

・别再问个没完没了了，越问越吓人。

・别再说这件事了，你都要吓到你弟弟了！（说完后，如果'弟弟'真的哭了起来，请不要感到惊讶。）

记住，我们的大脑会把我们想到或听到的词汇转换为画面。如果你使用了负面的言辞，那就意味着孩子最终只会去做你不想让他做的事——担忧！

6. **告诉孩子我们是安全的，让他放心**。告诉孩子，如果发生了可怕的事情，很多人都会来照顾我们，保护我们的安全，例如，政府、警察、老师，还有其他的爸爸妈妈们。他们会确保不让这种事情发生在我们身上，他们也会去抓坏人，把他们关进监狱。始终使用肯定性的、积极正面的言辞，例如：

   · 一切正常，我们都很安全。

   · 我们可以平静地来看待这件事，因为它发生在很远很远的地方。

   · 我们现在可以放松下来了，因为已经有很多人在为我们处理这件事了。

   · 现在事情已经结束了，它已经过去了。

7. **用烟雾警报器的误报来解释焦虑**。把孩子焦虑比作厨房烹饪导致烟雾警报器误报警。烟雾警报器无法区分房子着火与面包烤煳，在两种情况下都会发出报警声，于是产生误报。有时候，我们所感受到的恐慌和焦虑也是误报。我们的身体也会犯这种'错误'，让我们毫无理由地担心，而危险其实并不存在。

虽然我一直主张，遇到问题能够讨论是好事，但是，有时候，不说话要比说话更好。用语言安抚孩子有时会非常累人，倘若没有效果，你就可以提醒自己，与其说错话，不如不说话，抱抱孩子可能更有效。

你会拼命地为那些似乎可能发生、又似乎不大可能发生的事情来炮制各种答复安抚孩子，可孩子却铁了心似的不停兜圈子，继续谈论他的恐惧和担忧。

"是的，但是，如果我到了那里却发现没人陪我玩，那该

担忧盒子练习

1. 找一个盒子，可以是旧鞋盒，也可以是装礼物的盒子，只要有盖子，可以方便地盖上和打开的盒子都可以。让孩子参与挑选盒子的过程，尊重他的选择。告诉孩子，这个盒子将用来存放他担忧的事情。

2. 在盒子里放一些纸和各种颜色的水彩笔。每当孩子显出担忧的神色时，让孩子想想，引起担忧的事情是什么。

3. 从盒子里拿出一张纸，让孩子挑选一支水彩笔。水彩笔的颜色要足够丰富，以便你可以问孩子他担忧的事情是什么颜色。

4. 让孩子把担忧的事情写下来或画出来。

5. 接着，请孩子把纸折起来，放进盒子，盖上盒盖，把盒子收起来。

　　（**提示**：最好把这个盒子放在平时看不到的地方，例如，橱柜顶。不要把盒子放在卧室里，特别是床底下，"枕着担忧入眠"可不是什么好事。）

6. 通过把担忧倾泻到纸上，孩子向自己的潜意识发出了一条重要的信息，即你发出的警报已经收到，我正在处理。

7. 每当孩子感到担忧时，你都可以按照同样的方式来应对。让孩子把担忧写下来或者画出来，折好放进盒子。

8. 你很快会发现，孩子的担忧开始消散，不再继续"报警"。

9. 到了周末，你可以跟孩子坐下来，打开盒子，把纸倒出来，一起看看上面的担忧。你们会惊喜地发现，哪怕你们什么都没有做，大多数担忧已经自行消散。

记住，我们所担忧的事情大多根本不会发生！

怎么办？"或者，"如果没人坐在我旁边该怎么办？"这些都是常见的对未来的担忧，可是谁也没有预测未来的水晶球。你不知道将来会发生什么，如果你假装知道，那么局面可能还会被你搞得更糟。

一开始，你可以这样说来与孩子共情："嗯，我能理解这种感觉。对于参加詹姆斯的聚会，你就是这种感觉，是吧？不过你很快就找到了几个小朋友跟你一起玩。"

想让担忧走开时，你往往只需接纳它的存在。我建议你用上面这个练习来帮助孩子。

提升适应力

在当今社会，我们让孩子了解自身缺点和不足之处的方式正变得越来越多。由于"自拍"的流行，孩子很容易发现自己鼻头上的青春痘和油腻腻的头发。到了学校，情况也一样。各种考试、测验没完没了，使得今天的孩子小小年纪就要接受大量的评价和测量，这种情形与以往完全不同。难怪孩子们会焦虑不安，没有信心去面对广阔的世界。

人们常说，生活好比一项冲撞性的运动，所以受伤是早晚的事，无法避免。这时，帮助孩子提升适应力能让孩子更好地应对生活中的打击和挫折，使孩子更有能力收拾心情，振作起来继续前进。

适应力强的孩子：

· 能更快地从挫折中恢复过来；

- 能更加乐观地看待问题；
- 遇到困难时能创造性地思考；
- 能与他人结成亲密的友谊；
- 能顺畅地与人沟通。

　　适应力是所有人都能学到的技能。由于孩子不大可能每次考试都考好，每次面试都通过，每段感情都顺利，所以这项技能非常重要。

　　身为孩子"支持团队"的重要成员，你可以这样做：

1. 帮助孩子认识到，生活里总会发生不好的事情，这是不可避免的。如果遇到了问题，结果也不一定会很坏，这时只需换一种解决方案。大方地谈谈你自己犯过的错误，并且一笑置之。例如，"我真笨，居然把车钥匙放进了冰箱！""那个菜不好吃，是吧？我也觉得味道怪怪的。下回我试试不放西红柿，放胡萝卜。"不要总是假装自己完美无缺。

2. 如果孩子屡屡碰壁，那就要看看目标定得是否有些不切实际。帮孩子把目标分解成更小的、更易实现的步骤。

3. 教孩子在家里集思广益来解决问题。不是每个想法都是好的，但是，好的想法就是这样一步步形成的。把这些想法都写下来。告诉孩子，他要为每个问题收集十个不同的解决方案（不论这些方案有多么古怪），接着就可以做出最终的取舍了。

4. 更深入地参与孩子的校园生活。例如，参加学校的庆典活动，为孩子们的表演布置舞台，或者鼓励孩子加入合唱团或运动队。一家人参与学校的各种课外活动能让孩子对学校更有归属感。

5. 最重要的是，把你希望见到的行为做出来，亲身为孩子示范。你需要在待人接物当中展现出良好的沟通技巧，以及在对待生活的态度中展现出强大的适应力。

应对消极思维

消极思维是许多孩子（以及成年人）都有的一个坏习惯。

如果不加以控制，这种思维就会侵蚀孩子的自信。所以，你要注意孩子所使用的语言，把消极的言辞转换为积极的言辞。

例如，如果你的孩子说："到了新学校，没人会喜欢我的。"这时，你很容易下意识地回答："瞎说，肯定会有人喜欢你的。"这时，我们最好能用积极的态度来更加全面深入地回答孩子，例如："我完全理解你为什么会担心自己交不到新朋友，不过到了更大的学校里，可供你选择的孩子也会比过去多得多。所以，遇到能跟你合得来的新朋友的机会其实非常大。你肯定也会遇到一两个你不喜欢的孩子，可他们或许也不想跟你交朋友呢。你不妨把这件事看作是一个了解新环境，认识新朋友的机会。"

或者，"我们一定要去奶奶家吗？那里太没意思了！"你最好不要这样回答："是的，一定要去。别再哼哼唧唧了，你到了那儿就不会觉得没意思了。"而是可以这样回答："我知道这跟你在家里玩电脑游戏不一样，而且到了那里，你也不能跟你的朋友们玩了。可你还记得你上次去那里的时候吗？你玩得特别开心。当时你带着她家的狗罗罗到河边，罗罗跳进河里追那些天鹅，我们都给它逗笑了。不知道它这次又会干出些什么事来。"

消极的思维，加上发牢骚、抱怨和嘟囔，很容易成为一种难以打破的习惯。帮助孩子转换思维模式可以预防这种情况发生。还有，不要忘记反躬自省，你自己的消极态度有没有影响到孩子呢？

积极思考

记录练习

1. 鼓励孩子开始记日记，用本子、智能手机或平板电脑来记录或涂鸦。可以让孩子给日记起个他喜欢的名字，例如，幸福日记、阳光书……

2. 让孩子写下一天当中发生的三件积极的事。这些事情可以非常小，例如，我们中午吃了我最喜欢的比萨饼；数学老师忘了给我们留作业；今天天气特别好，我们去外面玩了。

每天坚持记录。如果孩子不愿意坐下来做记录，你就可以用谈话的方式来帮孩子做这件事，例如，在放学接孩子回家的路上谈，在吃饭的时候谈，或者在晚上给孩子洗澡的时候谈。一开始，你可以先起个头，说说你当天遇到了什么积极的事，接着再让孩子讲。

如果孩子实在想不出当天遇到的三件积极的事，那么我的建议是，你要把目标数量增加到五件甚至十件。这么做看似奇怪，却能促使孩子转变想法，让他开始注意到那些较小的、不太重要的事情。例如，一只蝴蝶飞进了房间，或是看了个好看的电视节目。

请记住，重要的是思维方式，而非事情本身。一旦养成习惯，你很快就会发现，积极思考已经成为了孩子惯常的思维方式。

第10章

怯场、试演与面试

你的孩子是不是在浴室里像个小明星一样又唱又演，可真到了表演的时候却又百般忸怩？

我们都希望孩子能有自信，不是吗？但我们首先要想想什么是自信——自信与自尊有什么区别，拥有自信的标志是什么？

我们都见过那些在玩耍中趾高气扬、自我吹嘘的孩子。他们总是大声吵闹，在排队时争先恐后。我们当中很少有人会希望自己的孩子是这个样子，因为很明显，过于自信的"外在"行为并不意味着他们也有同样的"内心"感受。这样的表现只是在掩饰安全感的缺失，并不是真正的自信。

自信是相信自己能够胜任某件事。对于生活中的有些事情，你可能会很有信心，但换作别的事情，你可能又会完全没有把握。例如，你可能对自己的烹饪技术很有信心，但对于填写报税表这种事却毫无把握。

另一方面，自尊关乎人在整体上的自我价值感。自尊是一种较为稳定的人格特质，它更多体现的是一个人如何看待自己，而非是否认为自己擅长特定的事情。跟孩子一起讨论家庭的各种价值观（例如，关于诚实、信任、工作和精神生活的价值观）能提升孩子的自尊，让孩子将家庭的价值观内化。

　　建立自信需要去行动，去尝试困难的事，即走出舒适区。自信不是要完美，而是要在面对困难的时候包容失败，因为还可以重头再来。

　　年幼时，孩子的信心来自在家里通过自身努力获得成功的体验，这样的体验多多益善。你的耐心也非常有用。如果你做不到耐心地等待孩子系鞋带、上楼梯或吃东西，孩子的自信就会遭受损伤。为了加快速度而代替孩子做事情或是表现得不耐烦是无法让孩子获得成功体验的。

　　同样地，如果你说孩子的诗朗诵不够好，应该更加努力，这么做也不会让孩子在台上表现更好。"不要说那么小声，没人能听见你的声音"这类消极的言辞只会让你的担心成为现实。

14岁的汉娜

　　汉娜得到了在学校的话剧演出中担任主角的机会，可她却对要不要把握这一机会犹豫不决。严格地说，她并不是主角的完美人选，因为她性格有些内向。可学校今年的戏剧是一部音乐剧，而汉娜的歌唱能力非常突出，她也喜欢唱歌。只是，在音乐课上跟老师一起唱与登台表演是完全不同的两码事。过去，汉娜几乎没有参加过这样的活动，这也是她的老师们希望她能担纲剧中主角的原因之一。

　　汉娜非常紧张，她最担心的问题之一是上台会脸红。她对自己感到十分恼火。她告诉我，她经常在家里对着卧室的镜子练习唱歌，她知道自己的表演会很精彩，可她为什么一想到要面对观众就没信心了呢？

我告诉她，这种反应非常正常。人类有被同伴接受的内在需要，因为只有成为群体的一部分，人才能生存。如果站出来接受他人的评判，那就意味着我们有可能得不到他人的接受，因此就会产生焦虑。

我是通过以下步骤来帮助汉娜的：

第1步：思维场疗法（敲击疗法）

你会看到，在进行其他练习之前，我常常首先使用敲击疗法（详见第75页）。我发现，它对消除人在某些情形下的不适感非常有帮助。而且我觉得，它非常适用于汉娜所说的对脸红的恐惧。

第2步：现在就停止脸红

我们都经历过那种自觉脸红的尴尬时刻，这一现象与我们的"战斗或逃跑"反应有关。感到尴尬时，你的身体会自动分泌出大量的肾上腺素，使呼吸和心率加快，以此来使你能够在你认为需要逃离"危险"的时候这样做。

肾上腺素还能扩张你的血管，加速血液循环和氧气输送，脸红便是如此。随着脸部血管扩张，更多血液涌入其中，这样脸就变红了。

我让汉娜回想她上一次脸红的情景，以及她当时的想法。很多时候，人在脸红时是这样想的，"天哪，我想我的脸要变红了。是的，没错，我知道，我的脸正在变红。但愿他们不会注意到我脸红。我能感觉到，我的脸开始变红了。太丢人了，我的脸越来越红了！"

汉娜照做了，并且意识到了自己的脸为什么会变红。她通过自我对话发出了脸红的指令，大脑也创造出了相应的画面，于是她的身体便完全遵照她的想法，让这幅画面成为了现实。

我告诉汉娜，只要发出不同的指令，她就能轻易地改变结果。下次感到肾上腺素往上涌，脸就要开始变红的时候，她只需这样对自己说：

"我想我的脸要**变蓝**了。是的，没错，我的整个身体都在变蓝。我能感觉到，那种蓝色正在弥漫到我的脸上、我的前胸，顺着我的胳膊向下扩散。我的整个身体都在变蓝。"

在紧张的时候，我们常会感到血往上涌，所以我们要让感觉反向运行，例如下面这样：

"我能感觉到，**蓝色**开始从我的头顶流下来，流过我的额头、眼睛、脸颊……继续流过我的脖子、肩膀、前胸。是的，我的整个身体都在变蓝。"

此外，你也可以多给孩子一些提示，例如。想象一桶冰倒在了自己头上，或者只是想象头顶放了一些冰块。

你可以试试，效果很好！

第3步：重新定义自己的感受

我也告诉汉娜，紧张和兴奋的感觉其实非常相似，她要确保没有把这两者混淆。我们经常听到优秀的表演者这样描述他们的感受：呼吸急促、手心出汗、心跳加速，这表明他们已经打起精神，做好了登台表演的准备——他们知道自己正处在十分兴奋的状态！这些感受与焦虑非常相似。

汉娜需要重新定义自己的感受。我鼓励她，只要感到紧张，她就要改变自我对话的方式，在心里对自己说："我感到非常兴奋，我等不及要开始演唱了。"

第 4 步：把感受调转方向

应对怯场的下一步是运用感受转向练习（详见第93页）。汉娜能借此改变感觉运行的方向，还能让感觉的旋转速度快上十倍，让良好的感觉变得更加强烈。

第 5 步：建立自信的心锚

把讨厌的焦虑情绪赶走后，一定要记得让良好的感受来补位，这一点很重要，否则你的身体就会察觉到这一"缺失"。如果你任其存在，你的大脑很快就会找来一些"东西"填补进去，而这些"东西"往往正是你刚刚费时费力赶走的那些负面感受，因为你的身体对它们最为熟悉。

于是，我开始帮助汉娜建立自信的心锚（详见第100页）。我让她回想过去感觉最放松、歌唱得也最好的三个情景。

她想出了两个。一次是在父母的安排下，她到一个录音棚录了几首歌。另一次是她在教堂的唱诗班独唱。

汉娜实在想不起第三次自信演唱的情景，但我记得她告诉过我，她经常在卧室的镜子前面敞开嗓门唱歌，那种感觉就像自己是一位歌唱家，于是我们就把这一幕用作了第三个情景。

我帮助汉娜用特定的动作"锚定"或关联了这三段记忆，并且告诉她如何把它们用在学校的戏剧表演中。幸运的是，汉娜当时还有六周用来排练，于是有时间来测试学到的东西。后来，跟我料想的一样，她的表演非常成功。她的母亲还告诉我，汉娜已经能习惯性地使用这些技巧了。一家人都发现，这些技巧极大地提升了汉娜总体的自信水平。

第 11 章

恐惧症：怕狗

在这一章里，我将介绍我帮助伊玛妮克服对狗的恐惧的过程，但你也可以遵循同样的步骤来解决孩子因为其他负面经历而产生的恐惧。

"爱狗信托"（Dogs Trust）于2016年进行的一项调查显示，在2000名父母中，37%的父母认为自己的孩子怕狗，25%的父母认为这一恐惧影响了孩子的日常生活。七分之一的父母甚至承认自己怕狗，这通常是因为，他们在童年时有过相关的负面经历。

我非常认同这些数字，因为我从 5 岁时起就对狗产生了强烈的恐惧。我清晰地记得狗靠近我时那种全身发麻的感觉。直到我自己养了狗，我才真正地克服了这一恐惧。每当我出门遛狗时，只要看到我觉得可能会伤人的狗，我仍旧会感到一丝不安。不过，我认为这是一件好事，因为只有能够预见问题，人类才能保障自己的安全和健康，我可不希望自己失去这种感觉。唯一的不同在于，我现在觉得，就算遇到问题，我也能信心满满地应对——这理应如此。

强烈的害怕以及恐惧症往往源自我们过去的某种经历（对

怕狗来说，这一经历就是遇到了某只可怕的狗），或是源自我们所见所闻的他人的恐怖经历（例如，亲眼所见和在电视上看见）。别忘了，我们的大脑根本分不清哪个是现实，哪个是虚构的恐怖电影场景。

这时，我们的身体就会启动战斗或逃跑反应，心跳加速，呼吸急促，两腿发颤。那种感觉非常可怕，于是我们就会明白，为了不再遭遇如此可怕的感受，我们必须躲避这一情形。当然，我们真正想要躲避的并不是狗，而是不舒服的感觉。可是，这两者已经紧紧地纠缠在了一起。于是，躲避就成了看似最理智的选择。

我在第2章里解释过，我们的大脑非常善于"概括"，于是我们不必在每次遇到新的门时都要重新学习如何开门。只要我们打开过一些种类的门，我们就会有信心打开我们遇到的所有的门。这是好的方面。

不好的方面是，只需遇到一只凶巴巴的恶狗，我们就会立即做出一概而论的判断，认为所有的狗，不论大小、颜色和品种，都是危险的，都应不惜代价避开。

父母们往往会因为身心疲惫或缺乏选择而采用"躲避策略"，这似乎是眼下最明智的选择。可是，这么做尽管短期看是有效的，长期看反而会让问题变得更严重。在这里，我将为你提供一些其他选项。

8岁的伊玛妮

跟随父母在树林里散步的伊玛妮被一只高大敏捷的斑点

狗追赶，从此患上了严重的恐犬症。她不仅被这条狗的过度热情吓了一跳，当她开始尖叫着让狗走开时，狗也冲她大叫了起来。她越是尖叫，狗就越是狂吠。在伊玛妮眼里，这是一只巨大的狗，几乎跟自己一样高。而更让她失望的是，她震惊地发现，她最喜爱的电影《101忠狗》里的那些可爱的小斑点狗在现实中却如此凶恶。她对狗的信任完全崩塌了。

第1步：渐进式脱敏

我们很容易地把事情看得非黑即白——要么怕狗，要么不怕。有时，我们想象自己不怕狗，可由于这一步迈得太大，大脑又会自动把我们拉回怕狗的状态。毕竟，我们的身体非常熟悉害怕的感觉。那种感觉虽然令我们不快，却也比想象自己不怕狗更安全。

我建议伊玛妮的父母可以先采取下面这几项措施：

1. 接纳伊玛妮的恐惧，鼓励孩子说出怕狗的感受——记住，把这一感受用语言表达出来有助于孩子从恐惧中解脱。
2. 不断提醒孩子，不是所有的狗都是恶狗，都需要害怕。只是她遇到的那只过于兴奋了而已。
3. 在孩子房间的墙上挂一张"愿景板"，从杂志里剪（或者从网上打印）一些可爱狗狗的图片贴上去，不时看看。提醒孩子，狗外观不一，大小各异，脾气也各不相同。反复向孩子强调，不是所有的狗都是一样的。这就像她在学校里的那些朋友，有些她非常喜欢，有些只是普通朋友。
4. 阅读或观看狗在其中扮演主要角色，并且狗的形象非常正面的图书或电影。
5. 购买以狗为外形的抱枕玩具，或者印有狗的图案的T恤衫。
6. 在网上搜索各种给人类当帮手的狗，从积极的视角为孩子介绍狗，例如，帮助盲人的导盲犬、在雪崩中救人的搜救犬、检查行李的缉毒犬和驱赶羊群的牧羊犬等。
7. 坐在公园的长椅上，从远处观察狗。
8. 与家里有温顺宠物狗的朋友一起去遛狗。
9. 学习如何抚摸一条温顺的狗。

以上措施只是举例，你可能会想出更好的做法。你也可能会想草草完成这一步，但只有把这一步做扎实了才更有可能取得成功。

第2步：应对消极思维

我建议伊玛妮的父母帮孩子回忆一番，找出孩子虽然感到很紧张但还是勇敢去面对的那些记忆，例如，跳进游泳池，骑没有辅助轮的自行车，去参加朋友的聚会，当着全班同学的面演讲，或者参加学校的戏剧演出。重要的是，你要帮孩子建立这样的认识——尽管她感到害怕，但她曾经面对过挑战，并且最终战胜了它们。

第3步：思维场疗法（敲击疗法）

一想到她在树林里遇到的那条狗，伊玛妮还是会心有余悸。我把敲击疗法（详见第75页）教给了她，并且建议她的父母每天早晚陪她一起做，至少持续一周。这么做能帮助伊玛妮释放那场不愉快的经历带给她的积累了好几周的焦虑。

第 4 步：改变可怕的画面

那幅可怕的画面一直存在于伊玛妮的脑海中，特别是在她夜里难以入睡的时候。她能清楚地看到树林里的那只狗。她能看到它的牙齿，听到它的吠叫声。她越是想忘记那只狗，她就越是做不到。

我教她使用魔法电视遥控器练习（详见第83页）来改变这些画面和声音。我让她把那只狗的画面缩小到不及她脚踝高。接着，我让她给电视换了频道，里面只播放可爱的狗——她还能从她的愿景板上选择她最喜欢的狗来播放。

两周后……

再次见到伊玛妮时，她的情绪平静了很多。我又一次引导她做了敲击治疗。我还发现，她已经能有效地使用魔法电视遥控器练习了。

第 5 步：建立自信的心锚

治疗进行到一定程度后，我会要求伊玛妮跟她的父母再次回到那片树林里散步。于是我帮助她建立了自信的心锚（详见第100页），这样一来，伊玛妮就能把它带在身边，随时为自己打气。

第 6 步：畅想未来

最后，我为伊玛妮使用了引导式视觉化疗法来想象自己回到那片树林里散步的情景（详见第107页）。在真正去那里之前，伊玛妮可以先借助想象来演练。这么做会让她觉得自己已经回去过了。等到真正回到树林里的时候，她会感到更加放松，因为在她看来，她已经多次成功地应对这一情形了。

　　整个咨询过程持续了一个月。我知道，大多数父母都想更快地解决问题，但只有慢慢来才更有可能让改变深深地植入孩子的内心，保持一辈子。

第12章

恐惧症：怕蜘蛛、怕蛇

很多人都怕蜘蛛和蛇，但我们一直都不清楚，这种害怕到底是生来就有的，还是后天形成的。对我们的祖先来说，如果被潜伏在草丛中的这些生物叮咬，那么结果将会是致命的。所以有一种可能是，这种躲避蜘蛛和蛇的强烈愿望已经随着时间的推移而深深地印刻在了人类的潜意识当中。

2008年发表在《认知》（*Cognition*）上的一项研究和2014年发表在《进化与人类行为》（*Evolution & Human Behaviour*）上的另一项研究都表明，人类存在对蜘蛛和蛇的遗传性恐惧。不过，这种强烈的恐惧反应仍旧是可以消除的。

我协助保罗·麦肯纳（Paul McKenna）举办了许多场旨在治愈恐惧症的研讨会。会上，他会用大半天的时间来改变参会者对恐惧的认知，以及借助神经语言程序学和催眠的混合疗法来让他们平静和放松下来。随后，经验丰富的饲养员会把当地动物园里的狼蛛和蟒蛇带入会场。令人惊讶的是，许多原本听到"蛇"这个字眼就会吓得发抖的参会者此刻不仅敢去摸蛇，不少人甚至还敢把蛇拿起来缠到脖子上。

由于在生活中遇到过活蛇的人并没有很多，所以，对付怕蛇类似于对付怕"床板下的可怕怪物"。这种怪物并不存在，所以引发恐惧反应的，其实是与这种怪物有关的念头或想法（尽管在图片或电影里看到蛇依旧可能让人极度不适）。

不过，蜘蛛恐惧症往往源自实际的遭遇，因此，我们往往需要从两个方面来应对。

14岁的卡梅伦

卡梅伦因为蜘蛛恐惧症随爸爸来找我接受治疗。爸爸告诉我，他之所以陪孩子一起来，是因为他也患有严重的蜘蛛恐惧症。他幼时生活在澳大利亚，非常害怕当地的巨型蜘蛛。我们共同认定，他有这种感觉是可以理解的，因为大人总是警告他要"小心蜘蛛"，于是这种警惕心理一直伴随着他。他告诉我，他已经50岁了，可哪怕只是见到一只家里常见的那种蜘蛛，他还是可能会发抖和尖叫。他觉得自己这么反应非常可笑，但他也认为，这个毛病"永远治不好了"。他意识到，他已经把自己对蜘蛛的恐惧传染给了卡梅伦。卡梅伦如今不敢走进他家的客厅，因为几个月前，他在那里看见了一只大蜘蛛。爸爸不想让孩子像他一样恐惧一辈子，于是找我来帮助卡梅伦。

一开始，我听到爸爸说他"永远治不好了"，心里随即一沉，因为他给了卡梅伦一条消极的暗示。如果连爸爸都说自己治不好了，卡梅伦又怎么相信他能做到不害怕蜘蛛呢？

我开始问卡梅伦，问题是怎么产生的，最后发现，虽然卡梅伦一直对蜘蛛有轻微的恐惧，但他并没有在家里见到过蜘蛛。因为，他的妈妈会把她在家里见到的所有蜘蛛全都清理掉。然而，在几个月前的一天晚上，卡梅伦的父母出去了，只留下他和妹妹，以及一个互惠生①在家里（互惠生是个19岁的法国女孩）。那天晚上，就在他们坐在客厅里看电视时，一只大蜘蛛穿过了客厅。互惠生连声尖叫，逃离了客厅，吓得不敢再进去。卡梅伦和妹妹也跟着她一起跑了出去。三个人一起在厨房里坐了一晚上，直到卡梅伦的父母回家。

这样一来，谁也不知道那只蜘蛛去了哪里。所以，卡梅伦一直担心它还在家里，例如，藏在沙发下面，随时会跑出来。这是可以理解的。我们有必要提醒孩子，蜘蛛对我们的害怕要胜过我们对蜘蛛的害怕，所以它们常常会逃进角落和缝隙躲起来，不会再出来了。

但除此之外，此时的卡梅伦还害怕被留给互惠生照顾。他不仅对父母外出，把自己和妹妹丢在家里感到紧张，而且假如兄妹俩必须跟互惠生一起外出，他还会感到恐慌，所以他很讨厌那位互惠生。

我像往常那样开始治疗卡梅伦：把他的问题拆解成几个更小的问题。

第1步：思维场疗法（敲击疗法）

我从卡梅伦的话里得知，那晚在客厅的经历对他影响很大，我们需要解决的问题已经不仅仅是他对蜘蛛的恐惧了。我使用了敲击疗法（详见第75页）来降低他的焦虑水平，这样我就能继续为他进行视觉化治疗了。

---

① 为学习语言而住在当地人家里并照看小孩的外国年轻人。——译者注

第 2 步：改变可怕的画面

我让卡梅伦说出我提到"蜘蛛"这个词时他在脑海里看到了什么。从他的回答中，我发现他看到的是一只巨大的狼蛛，跟家里常见的那种小蜘蛛完全不同，更像他的爸爸口中那些讨厌的澳大利亚蜘蛛。我使用魔法电视遥控器练习（详见第83页）帮助卡梅伦改变了这幅画面。我们一起摆弄起这只大蜘蛛来，给它戴上足球帽和围巾，让它的样子变得滑稽可笑，我们还让它发出米老鼠的那种吱吱声。卡梅伦哈哈大笑起来。我知道，他已经能清楚地看到这幅有趣的新画面了。随后，我让卡梅伦用他的魔法电视遥控器关掉电视，让蜘蛛完全消失。

有意思的是，在卡梅伦跟我说话的时候，房间里变得暖和起来，而卡梅伦的爸爸没脱外套，不一会儿就睡着了（因为我的声音比较催眠）。一开始，这并不是什么问题，但几分钟后，卡梅伦的爸爸打起了呼噜。对于这一幕，卡梅伦感到非常尴尬。但我告诉他不用担心——这种事我经常遇到，如果有人在我说话时睡着，我反倒认为这是一种褒奖。

第 3 步：催眠

我们的第一次治疗以催眠收尾——在我的引导下，卡梅伦想象自己回到了那间客厅（自从"那晚"之后，他一直无法做到这一点）。我让他想象自己舒舒服服地坐在沙发上，心里感到平静而放松。与此同时，我也给了他很多积极的暗示，让他觉得自己对蜘蛛的各种担心正在逐渐消散。

就在这一次治疗结束时，卡梅伦的爸爸醒了，随后便带着卡梅伦离开了。

两周后……

卡梅伦感到自己更放松了，但尚未完全走出对蜘蛛的恐惧。可是，卡梅伦的爸爸却告诉我，他觉得自己已经完全不害怕蜘蛛了！他做梦都不会想到，他有一天能摆脱这一恐惧，可是不知因为什么原因，奇迹发生了。说实话，我也完全没有料到会有这种事！

虽然他当时睡着了，但他的潜意识已经吸收了我传达给卡梅伦的所有积极信息。现在，每当想到蜘蛛时，他的感受都是平静而放松的。这听起来有点不真实，不是吗？可是6个月后，卡梅伦的爸爸非常高兴地告诉我，他仍旧觉得自己已经完全摆脱了困扰他多年的蜘蛛恐惧症。

卡梅伦为自己没有获得如此好的疗效而感到有些沮丧，但我对此并不感到惊讶。我解释说，看到自己的爸爸在诊室角落里睡觉让他感到非常尴尬，这种尴尬会让他的大脑里充满引发应激反应的化学物质，导致分心。

我也看到，卡梅伦的焦虑中也裹挟着他对互惠生的失望——她本应保护兄妹俩并安抚他们的情绪，但她却让他们失望了。

第4步：避风港技术疗法

我觉得，避风港技术疗法（详见第79页）是帮助卡梅伦应对自身紧张情绪的理想疗法。我把这种用作自我抚慰的解压疗法教给他后，他每天晚上都会自己练习。他告诉我，他在晚上最容易感到紧张，因为他那天看到蜘蛛的时候也是在晚上。

我又为卡梅伦治疗了几次，他才开始获得与他的爸爸一样的轻松感。

第13章

怕医生、怕打针、怕细菌

没有人喜欢去看医生,但你一定要提醒自己,在这个时候,你就是孩子的主心骨。你的哪怕一丝焦虑也会大大影响孩子的感受。而你流露出的自信越多,孩子的感受就会越好。

避免用负面的态度谈论医生或医生的操作,即便你只是抱怨候诊时间长、地毯不干净或接待员不热情,你也会在孩子心里播下怀疑的种子。对看病的过程抱有消极看法会让人感到无助和痛苦,而现实也只会如你所想。如果你能更加积极地看待这件事,认为看病能让人的感受变好,或者能让人保持健康,结果便会大为不同。这样一来,不仅孩子的心情会变得更好,而且由于安慰剂效应,孩子康复起来也会更快。

怎么说才有用

我多次谈到过,你如何对孩子说话会影响孩子的行为和感受。我不喜欢护士打针时说"要疼一下"这样的话,我当然理解,如此提醒是要防止打针吓到孩子,导致孩子躲闪,但我更希望他们说一些更积极的话,例如"药马上就来帮你了"。

在考虑要对孩子说些什么的时候，你要记得上面这一点。以下是我对"会疼吗？"这个问题想出的几种回答：

- "嗯，我觉得你会感觉到一些的，但很快就会过去了。还记得上周你从滑梯上摔下来，撞到膝盖吗？那一次撞得很重，很疼，而打针的疼要轻很多很多。"
- "只要你把棉球按上去，你就会发现疼痛越来越轻，几秒钟以后就完全不疼了。你现在已经不疼了——为你自己鼓掌吧。"

信　息

对于接下来要发生的事情，孩子所掌握的信息越多，他就越有能力去应对。你可以提前采取以下措施来让孩子做好看医生的准备：

- 给孩子读几本介绍看病细节的故事书。
- 用布娃娃和毛绒动物玩具演练即将接受的检查和治疗。
- 借助手电筒和小镜子互相检查口腔。
- 给孩子讲讲你小时候看病的经历。孩子们都想知道（外）祖母带着爸爸或妈妈去看病是什么样子。

提前帮助孩子脱敏。多带孩子就看病或打针之外的事情拜访医生，例如，拿处方、预约诊疗，或者只是领取资料。在理想的情况下，孩子第一次去牙科诊室应该是陪你去做牙齿检查。这么做能帮助孩子熟悉诊室的环境。

- 一定要在日程表里清楚地标出带孩子去看医生的时间，以便孩子能够有所准备。到了就诊当天才冷不防告诉孩子会招致抵触。把就诊时间提前告诉孩子，孩子面对起来会更容易。

转移注意力

你可以认真想想，假如孩子在诊疗过程中感到痛苦，那么你该如何帮孩子分散注意力，这么做可能会非常有用。下面是一些示例：

- 拿一个柔软可爱的毛绒动物玩具抱在腿上，让护士或医生先治疗它。
- 学习敲击疗法，现场运用。
- 让孩子在脑海里想象自己吹灭生日蜡烛，或者带上吹泡泡玩具，让孩子吹泡泡。
- 一只手举着手机，打开秒表，让孩子看看治疗会持续多少秒。
- 跟孩子聊聊看完病以后做什么，例如，逛商店，顺路去朋友家玩，以及回家后跟家人讲讲看病的经历。

怕细菌

很多孩子都害怕细菌，这并不奇怪，因为他们所处的世界是这样的：

- 电视广告宣扬某种产品能杀死99%的细菌。

- 有人建议我们使用抗菌洗手液，甚至在手包里携带抗菌凝胶，以备不时之需。
- 孩子要打疫苗来抵挡细菌和疾病的侵袭。
- 老师常说，生病不要去学校，以防"传播细菌"。
- 我们生病时不见朋友，害怕我们把细菌传染给他们，或者害怕他们把细菌传染给我们。

躲避细菌可能会成为一些孩子的执念。我曾经治疗过这样一个小女孩，她哥哥的重感冒早就好了，可她却还是远远躲着他。要是身体不小心碰到，小女孩就会大声尖叫。她的母亲告诉我，这让家庭生活变得十分不便，因为她不愿意跟哥哥一起坐在汽车后座上，也不愿意在看电视时跟他坐在同一张沙发上，哪怕两人分别坐在沙发两端也不行。

重塑概念

- 在你与孩子的谈话中逐渐重塑孩子对细菌的概念。细菌有成千上万种，有对人类有益的好细菌，也有对人类有害的坏细菌。
- 大多数细菌对我们是有益的，它们能帮我们对抗所遭遇的坏细菌。
- 我们的身体表面和身体里面都生活着数不清的细菌，我们不可能把它们全部清除掉。而且，医生们已经发现，许多疾病的根源并不是细菌，而恰恰是缺乏细菌。
- 与生活在城市里的孩子相比，生活在农场里的孩子所接触到的细菌要多得多，他们往往也更加健康。
- 健康的饮食习惯，例如吃大量蔬菜，有助于抵抗坏细菌。

怕医生、怕打针、怕细菌

8岁的维贾伊

维贾伊的妈妈带他来找我做治疗，因为维贾伊非常害怕医生，特别害怕打针。他上次打疫苗是在4岁，他的妈妈认为他已经不记得这件事了。但是，他的妹妹一年前接种了疫苗，而他当时正在场。他的妹妹哭得很厉害，吓到了维贾伊。

维贾伊最近生了病，恢复缓慢。医生建议验血，以便排除其他更严重的病因。然而，每当他的妈妈跟他说起这件事时，他都会发一通脾气。妈妈很头痛这血该怎么验。

第1步：避风港技术疗法

我觉得，要让维贾伊安心，我首先应该使用避风港技术疗法（详见第79页）。与此同时，我也跟维贾伊谈了他妹妹接种疫苗的事，把这一负面经历扭转为了能让妹妹在未来拥有安全和健康的积极体验。

我也把避风港技术疗法教给了维贾伊的妈妈。我要求她每天在家里帮孩子进行这一练习，因为这么做能帮助孩子消除心里的焦虑。我还建议她用避风港技术疗法来帮助自己，因为如果她也能感到安心的话，维贾伊也能从中受益。

我还告诉她，我希望她能在采血室为孩子演示避风港技术疗法。我建议她坐在孩子对面演示，好让孩子清楚地看到。这么做能激发维贾伊脑中的"镜像神经元"。也就是说，仅仅看着妈妈为自己做避风港治疗就能让他也获得同样的减压效果。这是他们应当经常在家里做这个治疗的另一个原因，以此来让维贾伊的大脑建立自动反应，让自己更快地平静下来。

第2步：呼吸技巧

我还教了维贾伊一项呼吸技巧，因为它不仅能用来分散注意力，还能帮孩子排出体内的应激物质。你可以回到第61页，查看使用呼吸技巧的具体方式。我跟维贾伊说好，到了采血的时候，他要在想象中去吹生日蛋糕上的蜡烛。我们不大确定蛋糕上有多少根蜡烛，因为我们不知道采血过程会持续多久。我估计蛋糕上有15根蜡烛，他猜有20根。我们说定，他事后会告诉我究竟谁能"猜赢"。

第3步：引导式视觉化疗法

最后，我让维贾伊闭上眼睛，在脑海里想象自己经历整个过程。我知道，他们预约的检查时间是在放学后，所以我让维贾伊从妈妈接他放学时开始想象。我跟他说，他正在去医院的路上，我还讲了与检查有关的各种细节。我让他想象自己正坐在椅子上接受采血，同时逐一吹灭那些想象中的生日蜡烛。我告诉他，他还能用眼角的余光看到，他的妈妈正在为她自己做避风港治疗，这一幕也让他感到非常安心。

这套简单的做法能让你的身体感到，你所想象的那件事情已经发生过许多次了。等你真正去做那件事的时候，你必定会感到更加轻松，因为你清楚地知道接下来会发生什么。

我为这次引导式视觉化治疗撰写了一份文稿，并且打印了一份给维贾伊的妈妈，让她在带孩子去检查前的每个晚上当作睡前故事读给他听。

两周后……

维贾伊的妈妈给我打电话,说检查过程非常顺利,甚至比想象的还要好。他的血检结果已经正常,他的活力也在恢复当中。至于那个想象中的生日蛋糕上到底有多少根蜡烛,他最后发现有17根,与我们猜测的数字非常接近。我们一致认为他是赢家——不只猜赢了蜡烛,还战胜了恐惧。

第14章

拒绝上学

孩子拒绝上学（往往伴随发脾气、情绪失控和上学路上中途折返）会影响整个家庭。如果这种事发生在学校里，孩子的兄弟姐妹也会感到尴尬。

很多时候，孩子拒绝上学看似事发突然，甚至毫无预兆，但实际上，这个念头很可能已经发酵了一阵子，直到焦虑积累到孩子无法忍受的程度才爆发出来。

孩子拒绝上学短则缺课一两天，例如，偶尔借助不明原因的腹痛来减轻分离焦虑，长则缺课数周，乃至数月。

对父母来说，没有什么要比硬着头皮把拼命抱着自己、哭成泪人的孩子拉开更糟糕的事了。你只会想尽一切办法去安抚孩子，如此反应非常自然。可是长远来看，安抚孩子太多反倒可能会加重焦虑，因为这么做可能会让孩子留下这样的印象——分离是痛苦甚至危险的。

除非孩子害怕上学有特殊的具体原因，例如，被同龄人嘲笑或戏弄、老师过于严厉、学习吃力或遭受霸凌，否则这一现象往往源自孩子高估了分离的风险，同时又低估了自己应对分离的能力。孩子通常很难清晰地表达内心里的不安，于是经常会把这种不安说成肚子疼或头疼。若非如此，由焦虑不安所引发的愤怒也可能导致孩子发脾气、尖叫和大肆宣泄。

请记住，解决孩子拒绝上学的问题往往需要团队作战，所以你还要积极与学校沟通，向他们寻求建议，在这方面，他们应该很有经验。你们可以探讨孩子焦虑背后的各种可能的原因。

9 岁的利亚姆

当利亚姆随妈妈来找我治疗时，他已经有 4 个月没有上学了。他不去上学没有明确的理由，他的妈妈也多次与学校沟通过这件事。幸运的是，有位老师已经开始了每周一次的家访，一边布置作业，一边鼓励利亚姆重返校园。利亚姆与这位老师建立了良好的关系，他也想重新回到学校，但他仍旧无法战胜由此而产生的焦虑。他告诉我，一想到回去上学，他就会觉得肚子里似乎有许多条"蠕动的黑色虫子"。

第 1 步：认清现实

我首先帮助利亚姆认识到，他的大脑已经养成了欺骗他的习惯，只让他想象学校里的各种危险，却不让他看到那位好老师和他的朋友们，他其实很想他们。

我教他"用烟雾警报器的误报来解释焦虑"（详见第 113 页）。不管只是面包烤煳了，还是真的着了火，烟雾警报器一样都会响。利亚姆心里的"警报器"发出了代表危险的信号，可实际上它小题大做了。这只是误报而已。

第 2 步：呼吸技巧

我教了利亚姆几个呼吸技巧。我对他说，最重要的是牢记"吹气"，而非深深地吸气。我让他看向窗外，把注意力集中在远处的一座高楼上，楼顶有一面旗帜在飘舞。我让利亚姆朝那面旗帜缓缓地吹气，直到他觉得自己的气息到达那里为止。于是他一直吹，吹了大约10秒钟。

我告诉他，他可以在早上去学校的路上这样做。或者，他也可以把手握成筒状，想象它是一个纸袋，然后缓缓地向里面吹5口气。气要吹得慢，吹得久。

呼吸技巧最好经常练习，因为遇到"紧急"情况时，这将是你帮助孩子恢复平静所采取的第一条措施（详见第61页）。

第 3 步：思维场疗法（敲击疗法）

我教了利亚姆如何进行敲击治疗（详见第75页）和使用测量量表（详见第50页），这样他就可以亲眼看到自己的焦虑水平从8级下降到1级。你无须让焦虑完全消失，变成零。只要焦虑水平在下降，我们就是走在正确的道路上。

第 4 步：怎么说才有用

我告诉利亚姆的妈妈，改变她在谈论这个问题时的用词也能帮助孩子调整心态。她开始谈论"未来"，例如，"当你回到学校以后……"或者，"很快，你就能轻松地回到学校里了……这不过只是你将要学会的另一件事情。"

我还告诉她，只要利亚姆开始恐慌焦虑，她就可以这样说："你的大脑错误地发出了警报声，其实危险并不存在。把你的手给我，我们一起来让呼吸慢下来。你很快就会发现，你的感觉已经好了很多。"

第5步：敲击疗法联手积极话语

结合运用敲击疗法和积极话语能取得更好的效果，例如：

- 我想带着平静和放松的心情去上学。
- 我可以带着平静和放松的心情去上学。
- 我将带着平静和放松的心情去上学。
- 我正在带着平静和放松的心情去上学。

第6步：渐进式脱敏

我与利亚姆的妈妈都认为，利亚姆不大可能会在某一天突然回去上学，好像什么都没有发生过一样。毕竟，他已经离开学校有一段日子了。我建议循序渐进地引导孩子重回校园。于是，那位老师不再做家访，利亚姆也同意在周二和周五下午去学校交作业，同时领取新的作业。利亚姆交作业是在放学的时候，于是他经常遇到朋友，他们还能在一起玩一会儿。

除了拒绝上学之外，利亚姆还养成了不参加社交活动的习惯，宁愿独自待在家里。我们知道，我们必须让他转变看法，外面的世界并不可怕。

我们为利亚姆想了更多的办法来让他能够再次与学校的朋友们一起玩，例如，在当地的游泳俱乐部举办游泳聚会，或者参加学校周六举办的游乐活动。他的妈妈开始定期邀请利亚姆的朋友们到家里喝茶,而利亚姆也开始收到回请。利亚姆的妈妈向我承认,她先前已经不再主动为儿子安排社交活动了,这主要是因为,孩子不上学让她深感头痛。她做了各种努力,结果只换来心力交瘁。我非常同情她——我经常见到被这类难题折磨得疲惫不堪的父母,而且他们很容易对最有效的应对方式视而不见。我们深入地讨论了眼下的情形后,利亚姆的妈妈眼前明朗了起来。

我建议她为利亚姆布置一块关于他的社交活动的"愿景板"。在一块大纸板的中央,利亚姆和妈妈贴上了他们家房子的照片。随后,我又让他们继续粘贴利亚姆喜欢去的所有地方的照片。利亚姆首先贴了祖母家的照片和当地超市的照片,接着又贴了学校的照片,他参加过的活动的照片,以及他朋友家的照片。如果有朋友来找他玩,他就会再拍一张照片,添加到愿景板上。渐渐地,愿景板上的照片变得越来越多。而且要不了多久,朋友还会叫他出去玩,于是他还能继续在愿景板上添加照片。

这张愿景板非常重要,因为它能帮助利亚姆改变他对自身的看法。在此之前,他一直认为自己胆小害羞,哪里也不敢去。而愿景板让他看到,这不再是事实,他正在转变。

第 7 步:把感受调转方向

接下来,我开始处理利亚姆肚子里那些"蠕动的黑色虫子"。我让他站在我面前,用食指指出那些虫子所在的位置,并且告诉我虫子游动的方向(详见第93页)。有时候,孩子们可能会需要花一些时间才能准确辨认这一方向,所以我只能鼓励利亚姆在下一次去学校交作业时用心体会这一点。再次见到我时，他说他能感觉到，那些虫子是逆时针游动的。

我还让利亚姆踩下"刹车"，让所有虫子停止活动。等他做到这一点后，我接着让他改变虫子的颜色。它们是黑色的，我问他是否想给虫子换一种颜色，一种他认为能代表好心情的颜色。利亚姆选择了黄色。我让他闭上眼睛，在我打响指的同时为虫子改变颜色。

接下来，我们需要让虫子向相反的方向游动。我再次让利亚姆用食指指向自己的肚子，让虫子按照顺时针方向游动。等这些虫子开始游顺溜了，我继续让利亚姆微微加快虫子游动的速度。于是现在，我们就有了朝向相反方向游动的让人感到舒服的亮黄色虫子。利亚姆一边这样做，一边笑了起来。看得出来，我们已经打破了那些负面的感受，并且实现了我们想要的能量转换。

最后，我问利亚姆是否想把虫子换成别的东西，因为有人会觉得肚子里有虫子不是什么好事。可让我惊讶的是，他居然说不想，不过他很快解释说，他肚子里的虫子是那种可以在超市里买到的那种可爱的虫子，所以他很高兴肚子里有虫子，不想把它们换成别的东西。说到这儿，我们都笑了。

第8步：回到学校

为了能让母子俩顺利分离，我对利亚姆的妈妈说，到了即将分离的时候，她应当主动与孩子拉开距离。进学校的时候，不要让孩子拉你的手，如果孩子坚持要这样做，你就要找个无法拉手的借口，例如，手里拎点东西。在分离时刻到来前，不要接近孩子，而要慢慢放手。你甚至可以尝试让其他孩子和父母穿插在你和孩子之间。这么做能大大降低分离的难度。

利亚姆的妈妈与学校联络后，学校安排了专人在上课和午餐时间陪伴利亚姆。在利亚姆重返校园的第一天早上，他最喜欢的老师到校门口接了他，并且把他送进了教室，这让他与妈妈的分离过程变得非常顺利。过后，利亚姆的妈妈去学校接走了他。

我还要求利亚姆的妈妈告诉孩子，她会在他们分开后做些什么。我认为这一步非常重要，因为与父母分开后，孩子们往往会觉得父母凭空消失了，于是自然就会担心父母再也不会来接自己了。除去跟孩子谈论她的工作外，我还让她告诉利亚姆，她会想着他，而且她还要去商店给他买一双他需要的新袜子。到了第二天，我又让利亚姆的妈妈对孩子说，她会回到家里去找那本他们前一天晚上找了很久都没有找到的书。要让孩子知道，哪怕在他上学期间，你也仍旧想着他，养育着他。

利亚姆重新开始上学了，不过一开始只是上午去。两周后，他又来找我治疗。我向他了解了我们做过的所有练习的情况，接着又给他增加了下面这项练习。

第9步：和解练习

现在，利亚姆已经回到了学校，他发现，学校里的时光并非总是紧张慌乱的。他承认，他也有快乐的时候，他也确实喜欢看到他的朋友们。只是，他仍然担心即将来临的在学校待满一整天的日子。虽然他确实想去学校，但他又想待在家里，毕竟家也是安全和舒适的。

这个练习（详见第96页）帮助利亚姆打消了最后的顾虑。

第15章

霸 凌

儿童遭遇霸凌的长期影响不容低估。这里的霸凌行为可以是涉及人身伤害或恐吓的肢体霸凌；可以是借助语言攻击和侮辱他人的语言霸凌；可以是故意把某个孩子排除在其社交群体之外的关系霸凌；也可以是新出现的以散布伤害性谣言为特征、能够在孩子的心理和社交层面造成广泛伤害的网络霸凌。

认为霸凌是"成长的组成部分，开点小玩笑不会伤害任何人"的日子早已远去。伦敦国王学院开展于2014年的一项研究发现，幼时遭遇过霸凌的成年人往往会罹患心理疾病，导致人际关系受损，收入降低，甚至导致肥胖。

现在，所有的学校都有针对霸凌行为的规定。如果你怀疑你的孩子存在这方面的困扰，那么明智的做法就是向老师反映情况，一起商讨对策。很多时候，不到万不得已，孩子们可不想让自己的父母这么做。但今天的学校能更好地理解孩子们的苦衷，而且值得庆幸的是，"告诉老师"导致霸凌者遭受惩罚进而导致被霸凌的孩子遭受报复的日子已经过去了。现在，教师有更多的妙法来调查霸凌事件并且作出适当的应对。

如果你觉得学校没有对你所关注的霸凌问题给出满意的回

应，你就可以向英国教育标准局（Ofsted）[1]投诉，相关细节可以在网上查询。

我曾在第 4 章里建议你找机会经常跟孩子谈点什么。如果你没有养成跟孩子深入交谈的习惯，那么孩子遇到问题就很难会去找你寻求帮助。如果孩子感到尴尬或不适，同时还担心你太忙，他就根本不会这样做了。你还要经常与孩子聊生活里的各种好事情，而不只是聊那些不时出现的问题。

在跟我家孩子讨论事情的时候，我发现谈论孩子的朋友们所经历的困难效果很好。我们会同情他们的处境，并且讨论可能的解决方案，以及他们当初怎样做就可以避免出现这样的问题。有时候，我也会在需要时虚构某个朋友家的孩子遇到了某个问题，这样我们就能围绕这个话题展开讨论了。谈论别人面临的问题能大大降低讨论的难度，而不会让孩子觉得父母是在说教自己。

这让我想起了著名的催眠治疗师米尔顿·埃里克森（Milton Erickson）。许多人都认为，他是世界上最优秀的催眠师。在治疗当中，他常常会说起某件关于"我的朋友约翰"的事。似乎没有人知道他是否真的有一个叫约翰的朋友，但有一点是肯定的，即这个可怜的人遭遇了许多麻烦，有各种各样的问题。当然了，凭借正确的心态，问题最后都被他成功地解决掉了。

14 岁的伊索贝尔

伊索贝尔的父母带她来找我，因为她成为了网络霸凌的

---

[1] 英国最权威的教育监督机构。——译者注

受害者。整件事情的导火索只是一件小事——对于课堂上老师提出的问题，她给出了错误的回答。可是，同学们发出的哄笑却让伊索贝尔感到十分难堪。当天晚上，她发现自己成为了一个网络话题的主角。有人再次提起了她在课堂上回答错问题的事，而围绕这件事的讨论也变得越来越热烈。她的同学们没完没了地嘲弄她，乐此不疲。

几天后，谈话渐渐平息，伊索贝尔感到松了一口气，心想，这件事终于结束了。可是，这一情形并没有持续太久，当话题再次被提起时，嘲讽她的评论又开始成倍增加。又过了几天，伊索贝尔在课堂上回答错问题的事情已经被人忘记了，但有两个女孩仍旧继续通过网络给她发送讽刺挖苦的信息。

幸运的是，伊索贝尔的父母发现女儿似乎有心事。弄清原因后，他们与学校的几位老师讨论了这件事。虽然学校对这件事处理得很好，但伊索贝尔却变得有些心神不宁。她觉得似乎"所有人"都在议论她、取笑她，她不再参加课后活动，也拒绝参加朋友的聚会，以防再次成为众矢之的。

我在前面谈到过，我们的大脑非常善于"概括"。因此，只要遭遇一只恶狗，我们就很容易开始害怕所有的狗。同样地，在学校被一两个同学嘲笑或欺负也可以让孩子成为惊弓之鸟，让孩子不由地认为，所有人都敌视自己，没人喜欢自己，而自己也没有一个朋友。

我对伊索贝尔的父母说，重要的是要认识到，孩子并没有夸大其词或编造事实——她真心觉得这一切都是真实的。因此，仅仅告诉孩子事情不是她所看到的那样通常并不足以改变她的想法。我们还需要做很多细致的工作，持续采取各种积极措施来应对。

跟伊索贝尔谈过后，我发现，由于那些讨厌的评论曾经出现在她的手机上，于是每当她拿起手机时，她都会觉得那些欺负她的人的面孔又出现了。她告诉我："他们就住在我的书包里……他们在我的手机里……每次我拿起手机，我都会觉得他们又在说那些话……"

她还告诉我，一想到自己当初在课堂上回答错问题，她就觉得自己非常蠢。

第1步：思维场疗法（敲击疗法）

我通常喜欢在治疗的初始阶段使用敲击疗法（详见第75页）。如果我面前的孩子在哭，说不了几句话就说不下去，那么我就会借助敲击疗法来帮他平复心情。敲击治疗结束后，孩子通常都会深深地叹息几声，看到这样的反应，我就知道我们可以进行下一步的治疗了。

第2步：清除消极的画面和自我对话

我知道，如果我们能清除那些总是浮现在她脑海里的负面言论画面，以及那些已经闯进她的自我对话里的讨厌声音，那么伊索贝尔的感受会好很多。研究表明，别人对我们说过的难听的话更容易被我们忘记，而那些写下来被我们看到的难听的话却更伤人，也更难忘记。

我们做了魔法电视遥控器练习（详见第83页）和控制音量练习（详见第87页）。

第3步：提升适应力

我们知道，那些浑身散发着自信的孩子是不大可能被欺负的。我对伊索贝尔的父母说，他们可以在家里做几件事来支持孩子，提升孩子的适应力。我在第 9 章里详细介绍了应对消极思维，鼓励正面思考的方法。每天做相应的练习能帮助伊索贝尔养成良好的习惯，不再觉得自己那么"蠢"，这样一来，她也就不再会成为霸凌者的目标。

第 4 步：建立自信的心锚

要让伊索贝尔记住，虽然她不知道老师在课堂上所问问题的正确答案，因此犯了一个小小的错误，但这并不代表她就是个坏孩子。

我帮她建立了自信的心锚（详见第 100 页）。这样一来，只要她今后需要感到自信和有力量，她就可以把它派上用场。如果她对第二天上学感到焦虑，她就可以在当天晚上使用这一心锚。如果到了学校后，她担心有人会欺负她，那么她就可以在那一刻使用这一心锚。

为了让伊索贝尔的身体里充满与好感觉有关的化学物质，我让她想出三个她曾经感到非常自信的时刻。

- 我帮助伊索贝尔锚定的第一个特别时刻是去年全家一起去迪士尼乐园度假——这是她生命中最美好的时刻之一，因为她一直梦想着要去那里。
- 我们锚定的第二个时刻是她和朋友们笑得停不下来的某个时刻。最好笑的时刻往往是我们不该笑却无论如何也忍不住的时候。伊索贝尔想到的是，一次上数学课，老师把咖啡打翻，咖啡流了一桌子。她给我讲这件事时又忍不住笑了起来。在我看来，这是用来建立自信心锚的完美时刻。

- 第三个时刻是她的作业获得老师表扬的时刻。我鼓励她在记忆库里搜寻这样的经历，因为我相信它一定存在。最后，她选择了她与朋友在地理作业中获得全班第一名的那个时刻。我特别希望她能找到她在学校表现优异的时刻，因为它能抵消先前在课堂上回答错问题那件事的影响。

第5步：引导式视觉化疗法

像往常一样，我也想让伊索贝尔在脑海中留下一幅美好的、积极的画面，以此来填补清除掉旧画面后留下的空白。我先让伊索贝尔闭上眼睛，做了一些放松练习。接着，我让她想象自己来到了一处她非常喜欢的地方。她选择了当地的公园——公园里有一棵大橡树，她喜欢和朋友们一起坐在树下玩耍。我让她想象自己坐在那棵树下，同时注意自己看到、听到和感觉到了什么。

她说，她能**看**到人们在公园一角的球场上打网球，能**听**到橡树叶在风中摇曳的沙沙声，还能**感受**到身下的草是软软的。

然后，我让她列出她知道爱她和喜欢她的6个人。她选了她的姐姐、妈妈、两个学校的朋友和住在隔壁的好友。想到这里，她卡住了。我告诉她，她可以选择家里的宠物狗，于是她选了宠物狗但丁。

我让她想象，他们都围着那棵大橡树坐成一圈，她坐在中间，背靠着树干。我让她环视周围的朋友，逐一想象假如他们知道学校里欺负她的那些人给她造成了多么大的痛苦，他们会想要对她说些什么。到这一刻为止，她还没有跟这些朋友说起过这件事；只有她的妈妈和姐姐知道她所经历的一切。她闭上眼睛，想象每个人都微笑地看着她，对她说了关心和鼓励的话。

过了一会儿，我让伊索贝尔告诉我，她觉得刚才的感觉怎么样。她眼里含着泪水告诉我，他们所有人都说他们爱她（甚至包括那条狗）。其中三人认为她应该早点把这件事告诉他们，他们为她感到难过，也为他们没能帮到她而感到遗憾。借助这一体验，伊索贝尔终于发现，尽管学校里确实有一两个人不喜欢她，但她周围还是有很多人爱她，关心她。

我趁热打铁，再次让伊索贝尔闭上眼睛，让她在想象中拿起自己的手机。这一次，我没有让她看那些来自霸凌者们的信息，而是让她看那些来自朋友和家人的信息，信息的内容就是她想象自己坐在树下时他们曾对她说过的话。

第6步：畅想未来

与此同时，伊索贝尔的父母一直在与校方联络，学校也开始采取措施解决问题。学校设置了新的课程来向学生们介绍在网上发布信息的规则，以及哪些做法是可以接受的，哪些是不可以接受的。对于那些不遵守规则的孩子，学校很快进行了处罚。

伊索贝尔开始感觉好多了。她告诉我，她觉得这件事好像已经过去了。她不再感到不安，睡眠也改善了。

我为她做了最后一次视觉化练习，让她在想象中去上学（我详细询问过她上学路上的细节，所以可以引导她去想象）。到学校后，我让她想象一切都在按照她希望的方式进行。于是，她看到她最要好的朋友正在校门口等她，随后，她们一起走进了校园。我引导她度过了这想象中的一天，她能够在学校里四处走动，并且没有看到欺负她的人。

她看到了她的朋友们，我于是让她"跳出画面"，想象她正看着自己，并且看到自己脸上的表情。伊索贝尔发现自己的脸上洋溢着笑容和快乐。随后，我让她回到画面当中，再次感受这种感觉有多么美妙。

第16章

考试压力

大多数人都害怕考试,而且与以往相比,今天的孩子们还要应对更多的考试。所以不奇怪的是,即使是学习好的孩子也会因为考试而焦虑不已。不管孩子在学习方面的潜质和能力如何,紧张和焦虑都可能会让孩子迅速丧失学习动力,成绩下滑。

父母们本能地希望孩子安全,不受伤害,可眼看着他们被考试折磨,父母们的心里可能会非常难受。一些父母很想"做点什么"来帮助孩子,但要记住的是,温柔的鞭策或许有用,但用力过猛基本毫无助益。父母们应当更多地扮演支持的角色。

虽然真才实学很重要,但一些细小的方面也能影响考试的成败。准备是成功的关键,下面是一些我认为有用的做法:

1. **精心挑选复习环境**。复习的环境与考场越相似越好。躺在床上或者坐在花园里的大树下复习似乎能改善孩子的学习体验,但只有坐在桌子前面才能让孩子的身体把这一姿势与知识相关联。如果孩子采用与考试类似的姿势复习,那么上了考场后,他回忆起知识来就会容易很多。

2. **孩子能看到画面吗?** 在第2章里,我介绍过我们的大脑如何把想法自动转化为画面。如果你能注意到这一点，你就能帮助孩子更好地记忆和应试。有的人觉得那些画面就在自己的脑子里，而有的人则觉得它们似乎在远处。所以，我主张把书桌放在窗前，而不是让书桌面向墙壁。这么做能让孩子"看"得更清楚，想得更明白。

3. **营养不足，脑筋短路**。在压力巨大的考试期间，孩子需要摄入充足的营养。因为，如果你想让你的大脑和身体处于最佳工作状态，你就需要考虑为它们供应什么样的燃料。我记得，我的一个孩子的学校告诉我们，如果孩子想吃垃圾食品，那么在考试期间是可以吃的。我不大同意这一点。考试时间可能长达 8 周，在这么长的时间里吃缺乏营养的食物无助于孩子通过考试。如果孩子最犯难的数学考试恰好处在这 8 周的末尾，那么他在这段时间里吃掉的大量含糖零食和糖果是无法让他在考试时保持冷静和集中注意力的。别忘了，我在前面提到过，含糖食物容易引发焦虑。

4. **动起来**。如果孩子明显对复习感到厌烦，你就要确保孩子能够定期休息，站起来活动身体，促进血液循环，改善能量流动。这么做也能帮助孩子摆脱负面情绪。不过，休息时玩电脑游戏或许只会增加而非消除焦虑。研究表明，经常参加骑车、游泳、踢足球和跑步等有氧运动的孩子成绩更好。

5. **睡好觉**。确保孩子获得充足的睡眠，适当延用孩子通常的起床和睡觉时间表。假期也要规律起居，否则考试当天很难起得来。如果下午有考试，这一点更加重要——按照平时的时间表起床才能保持最佳的精神状态。

你的孩子是哪种类型的学习者

我们使用所有的感官来吸收环境中的信息，而我们喜欢使用什么感官就意味着我们是哪种类型或风格的学习者。花些时间观察孩子，弄清楚哪些方式最适合他，这么做或许能帮你避开盯作业的烦恼。

你的孩子可能是以下某种类型的学习者：

- **视觉型**。这类孩子喜欢通过"看"来学习。他们喜欢看书，看图片，看讲解，看视频。最终，他们也会在脑海里形成相应的画面。
- **听觉型**。这类孩子喜欢通过听或说来学习。他们喜欢听音频，听播客，听讲座，辩论，讨论，接受口头指导。他们可能会要求你反复讲解——他们喜欢这些讲解从别人口中说出来。
- **触觉型**。这类孩子最适合通过感受来学习。他们喜欢亲身参与，动手操作，四处走动和触摸。

特殊诊断研究公司（Specific Diagnostic Studies Inc,）的林恩·奥布莱恩（Lynn O'Brien）发现，大约40%的人的是视觉型学习者，15%的人是听觉型学习者，45%的人是触觉型学习者。

如果你能确定你家孩子的学习类型，那么你就能做出相应的调整来促进孩子的学习。

注意怎么做最有效

每个人都是不同的，所以，你要帮助孩子找出效果较好和较差的学习方式。如果孩子告诉你，他的某一段复习过程特别高效,那么你就要记下相关的细节,例如,这次复习发生在一天当中的什么时间,复习的场所在哪里,当时的环境是完全安静的,还是有日常的噪声。你还要注意他复习前是不是刚刚吃过饭,复习时看的是什么书。如果孩子在某一种情形下复习得很好,那么在同样的情形下,这一幕就很可能再次上演。

帮助孩子理解,不同的人适合选用不同的复习方式。以下措施或许能提高孩子的学习效果:

- 大声读出需要记忆的内容,用录音笔或手机录下来;
- 使用白板和彩笔来为信息分类;
- 制作知识闪卡;
- 使用儿歌、速记法或思维导图;
- 找别人来考自己。

复习学习了整整两年的地理课资料对任何人来说都不是一件轻松的事。你可以鼓励孩子把任务拆分成小块来降低复习的难度。

17岁的基娅拉

基娅拉来找我治疗时,即将毕业的她显然在学习上遇到了困难。她晚上睡不好觉,身上也出现了许多红色的皮疹。

前几年,她就多次因为考试而紧张焦虑,但今年情况尤其严重。她已经申请了大学,但她担心自己能否取得足够好的成绩来进入她最心仪的学校。她虽然期待上大学,但她的心里也充满了各种担忧：

- 她真的会喜欢她接下来要去的大学吗？
- 她能交到新朋友吗？
- 如果她选了课却不喜欢该怎么办？
- 上学的花销怎么办？她要考虑学费问题，她可不想贷款，欠债。

一些事情的开始必定伴随着另一些事情的结束。想到自己即将离开家，基娅拉感到有些兴奋，但她也不得不离开学校和她所有的朋友，离开她熟悉的家、她的妹妹和家里的拉布拉多犬杰西，于是她心里非常难过。

所有这些想法都让她的大脑里充满了各种应激物质。

我们都知道，积极的心态能够提高专注力和记忆力，但只告诉孩子"努力积极面对"是没有用的。而且，不要忘记我在第4章"怎么说才有用"的部分说过的话——永远不要使用"努力"一词，这么做可能会适得其反。

下面这些治疗性的练习能帮助基娅拉保持冷静和专注。

第1步：和解练习

基娅拉虽然对上大学感到非常兴奋，但她也难免为此而感到担心。我教她做了和解练习（详见第96页）。每个人心里都有许多不同的声音。就算我们想积极地思考问题，我们也总能听到消极的声音。我对基娅拉说，消极的声音并非不想让她通过考试，进入大学，它只是在关心她。因为它想让她安全，所以才保持警惕。

这个练习能让那个消极的声音（即那个感到担心的自己）知道，你已经收到了它发出的信息，而且你已经想到了解决可能会出现的问题的办法。你往往会发现，只要做完这个练习，你心里的那个发出消极声音的自己就会平静下来。

第2步：停止按钮

为了清除那些偷偷潜入大脑的消极想法，我教基娅拉做了另一个有用的练习——停止按钮练习（详见第90页）。我提醒她，我们的大脑里每天都涌动着许多念头，其中的大部分都不会被我们注意到。它们会突然出现，我们也会任由它们消失。我们可以决定是否跟它们打交道——这一切都非常自然。基娅拉笑着说，她的脑海里经常会冒出清理已经装满的洗衣篮的念头，可她一直不予理会，这件事让她的妈妈非常恼火。

我告诉她，她已经知道该如何有效地清除那些她不喜欢的念头，所以，只要稍加练习，她也能把她的消极想法清除掉。

第3步：畅想未来

在遇到困难的时候，我们常常会忽视生活里的光明面。如果你还在为眼前的一大堆考试而头痛，那么你怎么会有心情去憧憬美好的大学生活呢？同样地，如果你特别害怕坐飞机，那么你就很难对即将到来的假期感到兴奋。这时的我们开始心灰意冷。我们越是盯着眼前的困难不放，我们就越是焦虑不安。

我引导基娅拉做了畅想未来练习（详见第107页）。想象还未到来的生活并不是一件容易的事。你怎么可能知道它会是什么样子呢？不过，我们也可以利用这一点。因为这样一来，基娅拉就能借助这个练习来自由地梦想、想象和幻想她的大学新生活里的所有细节了。她看到自己交了许多新朋友，宿舍很漂亮，老师也非常和蔼可亲。当我们讨论她对自己未来生活的看法时，她告诉我，在未来的生活里，阳光似乎总是灿烂的。而且有意思的是，就连她身上也是漂亮的新衣服。

　　看到未来一切都如你所愿能帮助你摆脱眼下的困境。想想美好的未来，你的心情就会立即舒畅起来。

　　治疗结束时，基娅拉的心情平复了许多。除了建议她在家里继续做这些练习外，我还教给了她避风港技术疗法来抚慰自己（详见第79页）。

第17章

旅行焦虑：怕坐飞机

我们一般认为，假日是有趣而放松、让人心心念念的美好享受。可在不少人看来，收拾行李，暂别工作、家庭生活、家里的宠物和寻常的安排是一件很有压力的事。

一开始，我们的脑海里充满了让人心旷神怡的阳光海滩和新鲜刺激的奇妙体验，可是要不了多久，我们的大脑里就会被各种担忧所占据，例如，怪异的饮食、水土不服、开销巨大，更别提坐飞机、坐船和开着车况堪忧的汽车走在陌生的道路上了。这些压力和焦虑让我们不由得怀疑，这么折腾是否值得。

要是你家还有个患有旅行焦虑症的孩子，那么旅行生活还会成为所有家人的梦魇。

7岁的泽维尔

泽维尔的父母带他来找我做治疗，因为他们要在圣诞节期间去佛罗里达州度假，那将是一段漫长的旅程。虽然他们经常全家出游，但目的地都是法国（他们去那里探亲）。泽维尔虽然已经习惯乘坐欧洲之星火车和跨海峡轮渡，但他从未坐过飞机。而且在大约 6 个月前，他在电视上看到了空难的报道，所以他对这次旅行感到十分焦虑。当时，媒体对那场空难做了大量的报道，所以泽维尔不可避免地了解了关于那场空难的许多细节。

第 1 步：应对担忧

我鼓励泽维尔的父母为孩子准备一个担忧盒子（详见第114页）。显然，父母不可能解决泽维尔对这次旅行的所有担忧。毕竟，谁也没法确保坐飞机一定不会出事。没人能预知未来，许多人愿意承担这一风险仅仅是因为这么做值得。实际上，遭遇空难的概率微乎其微，危险性比过马路还小，然而，我们每天都在过马路。可是，你要如此向孩子解释的话，他又可能会害怕出门，所以这件事还要谨慎处理。

我之所以建议泽维尔的父母为他准备担忧盒子，是因为我知道，既然泽维尔会为即将来临的假日而担忧，那么他的焦虑也会蔓延到生活的其他方面。泽维尔的父母鼓励泽维尔把他担忧的每一件事情都写在一张纸上，然后折好放进盒子。每到周末，泽维尔的父母都会跟孩子坐下来，逐一查看盒子里的担忧事项。泽维尔担忧的事情非常多，既怕考试拼不对单词，又怕参加朋友的生日聚会找不到人说话。渐渐地，泽维尔开始发现，事实证明，我们担心的大多数事情最后都没有发生，而且，我们并非一定要把未来的事情了解个底朝天才能让自己平静和放松下来。

第 2 步：布置愿景板

我让泽维尔的父母在愿景板里补充这次假日旅行的所有细节。此前，他们一直都在谈坐飞机的事，很少谈其他话题。

虽然父母已经告诉泽维尔，他们要去度假，可度假到底是什么样子的呢？孩子并不知道。于是，我鼓励他们花些时间来跟孩子聊聊他们要去的地方，并且从宣传册里剪下目的地的照片（或者从网上打印图片），贴到愿景板上。我要求他们尽可能多地补充细节，例如，他们计划去的各种地方。我还特别叮嘱他们寻找其他孩子在那里玩耍的照片，以便泽维尔能够更方便地想象自己在那里的样子。我们害怕未知的东西，但如果我们能让新的体验变得更加真实，我们的焦虑就会消散。愿景板放在泽维尔的卧室里，好让他每天晚上都能看到。

第 3 步：引导式视觉化疗法

为泽维尔做治疗时，我让他回想他对度假坐飞机的担心是从哪里来的。他清楚地记得，这一切都是因为他看了电视上的新闻。

我问他想到了什么，即他在脑海里能看到什么，听到什么？我教他做了魔法电视遥控器练习（详见第83页）和控制音量练习（详见第87页）。记住，脑海中的画面和声音变了，感受也就变了。

很明显，他脑海中的可怕画面不止有一幅，这并不奇怪，因为电视里多次报道过这起空难，泽维尔还在报纸上看到过相关的图片。记住，这些画面中的每一幅都需要单独处理，这一点非常重要。最让泽维尔感到不安的一幅画面是，听闻亲人的噩耗后，在机场的众多遇难者亲属显露出了悲痛的神情。

视觉化疗法可以灵活运用，并非每次都要通过完全相同的方式来改变画面。在处理让泽维尔感到特别不安的某幅画面时，我鼓励泽维尔思考他觉得怎么做会有用。后来，我们一起想出了一个主意：准备一盆白漆和一把巨大的画刷。随后，泽维尔用画刷蘸上颜料，在那幅画面上涂抹，直到把它完全涂成白色。

为了处理与这幅画面相伴随的声音信息，我让泽维尔想象在涂抹的同时大声播放他最喜欢的一首歌曲，以此来盖过那些声音。

如果你的孩子很难通过想象来做到这一点，你就可以让他把那些可怕的画面在纸上画出来，再用颜料覆盖，或者把纸撕碎后扔掉，让它们彻底消失。

一旦可怕的画面完全消失，泽维尔就能在原有的位置放上喜欢的画面了，我让他在他的愿景板上挑选一幅，他选了一幅他最喜欢的。画面上，几个孩子在玩水，其中一个孩子正坐着滑梯滑向下方的泳池。

第 4 步：渐进式脱敏

接下来，我建议泽维尔的父母带他去参观飞机场，以此来逐渐消除他对坐飞机的恐惧。在飞机场，他们可以观看飞机起飞和降落，找一家咖啡厅坐坐，以及为即将到来的旅程选购几本有意思的图书。我提醒他们记得去厕所看看（这方面的担忧也往往是焦虑的根源），然后详细告诉孩子起飞前需要做些什么，同时把所有的工作人员指给孩子看。穿着制服的、特别是带着武器的安保人员可能看上去会比较严肃，所以父母还要让孩子知道，他们是照顾旅客、保护旅客安全的人。

最后，我建议他们用手机拍一些照片或视频，这样一来，泽维尔就可以用这些照片或视频来向其他家人或朋友介绍他在飞机场的经历了。

第5步：思维场疗法（敲击疗法）

我建议泽维尔全家都学习敲击治疗（详见第75页），并且经常练习，例如，在临行前一周的每个晚上做敲击治疗。这么做能纾解与兴奋相伴的焦虑。

敲击治疗也很方便在到达机场和登机后做。如今，这种疗法常被用于治疗旅行焦虑症，飞机上的其他乘客也可能会使用这一疗法。在公共场合，为了避免尴尬，你也可以使用简化的敲击疗法，只敲击眼睛下方和手掌靠近小鱼际的一侧。敲击治疗时要结合使用"积极话语"，例如，"我想在坐飞机时感到平静和放松。"

注意：我也建议孩子学习一种呼吸技巧（详见第61页），比如，把一只手握成筒状，再像吹气球那样缓缓地向里面吹气。假如出于某种原因，你需要方便快捷的方法来帮助孩子减轻焦虑，那么这个技巧就会非常有用。对于存在旅行焦虑的人来说，准备一些催眠和放松的音乐在路上听也会有帮助。

第18章

睡眠问题

孩子睡眠有问题会让所有家人都感到疲惫不堪,我经常遇到自述夜里要多次起身照顾孩子的父母。这种问题往往已经持续多年,这一点本身也加大了解决问题的难度,因为孩子已经习惯成自然,很可能不记得除此之外还能怎么做了。

研究表明,睡眠不足是焦虑的一大成因,这一点很有意思,因为焦虑通常也是失眠的原因!除了导致贪吃和肥胖外,睡眠不足也会影响孩子的学习成绩和日常表现。因此,找到解决睡眠问题的方法是非常重要的。

在这一章里,我将介绍如何帮助夜里做噩梦和害怕"床底下的怪物"的孩子。你可以在我的另一本书《怎么说才有用:如何让孩子听你的话》里找到更多处理分离焦虑等睡眠问题的解决方案。如果你也是必须守在孩子身边直到他们睡着的众多父母中的一位,那么下面的这些建议将会非常有用。

养成良好的睡眠习惯并长期坚持

父母们很容易放纵不敢睡觉的孩子待在客厅沙发上,直到孩子睡着才把他抱到床上去。可是，这么做或许只会让问题变得更加严重。孩子会越来越难以养成独自入睡的习惯，而你也只能一直在沙发旁边陪伴下去。你要让孩子学着躺在床上自然入睡，这一点非常重要。

我们都有在电视机前睡着，醒来后觉得晕头转向，可真正爬上床却难以入梦的经历。这么做会扰乱了我们的睡眠节律。如果你家孩子也经常这么做，那么睡眠问题只会越来越严重。

孩子的睡觉时间要固定，要养成良好的睡眠习惯并长期坚持。

保持卧室整洁

在一个到处散落着脏衣服、玩具、图书和鞋子的房间里，孩子很难放松下来入睡。在整洁的环境里，我们都会感到更加平静，而睡前整理房间的过程也可以是良好睡眠习惯的内容之一。你可以跟孩子一起来做这件事。这么做还能让孩子意识到，这一天就要结束了。

房间是否太亮

人在黑暗的环境里睡得更好，因为光线和各种激素能极大地影响我们的睡眠。晚上光线变暗后，人体会产生一种叫作褪黑素的化学物质，它能让身体进入睡眠状态。所以，你要尽早训练孩子在黑暗的房间里睡觉。很多父母喜欢在卧室里开着夜灯来帮助孩子入睡，但我建议你尽早让孩子戒掉夜灯。你可以每晚都让房间变暗一点点，直到关闭所有灯光。你也可以购买带有动作感应器的夜灯——一旦检测到有人在房间里活动，灯就会自动亮起。这或许是个不错的折中办法。

杜绝电子产品

不要把手机、笔记本电脑和平板电脑等物品放在床边充电，因为这些电子产品所产生的电磁场能刺激人的大脑，阻碍孩子入睡。而且，假如手机就放在枕头底下，那么一旦孩子半夜醒来，他就可能会忍不住打开社交媒体跟朋友聊天。同样地，孩子的房间里也最好不要摆放电视机和视频播放设备。毕竟，卧室是用来睡觉和放松的。孩子或许不喜欢你这么做，但这对他的健康非常有好处。

怎么说才有用：假设问题已经解决

开始用"假设问题已经解决"的方式跟孩子谈论这件事，例如：

- 你以前上床以后特别难睡着，但是我发现，你现在睡着变得越来越容易了。你也发现了吧？
- 你以前经常半夜惊醒，可是最近这种情况越来越少了，看来这个问题很快就能彻底解决了。

即使情况还没有开始好转，孩子也会对你的这些积极的话语做出正面的回应，走向正确的方向。我在前面提到过，我们的脑海里有什么样的画面或心理图像取决于我们听到了什么。平静舒缓的话语会转化为美好的画面，进而让人产生美好的感受。

11岁的埃米莉

埃米莉的父母带她来找我做治疗，因为她晚上入睡困难，而且情况越来越严重。她的父母说，她觉得"床底下有怪物"。这一幕通常发生在晚上10点左右。那时，她的父母还在楼下看电视，可她却常常惊慌失措地跑下来找他们。这时的埃米莉心跳很快，手脚冰凉。

我在前面提到过，这类恐惧十分常见。需要再次提及的是，美国有一项研究发现，高达87%的人不敢在睡觉时把脚伸到被子外面，以防被床底下的怪物吃掉。所以埃米莉并非个例。

一旦埃米莉下了床，再让她回到床上去一般都会非常困难。她的父母之一必须坐在她身边，直到她睡着。有时候，埃米莉还会先喝杯牛奶，吃点饼干再睡觉。

很明显，父母这样做让埃米莉获得了额外的好处，但我并不认为这是她夜里惊醒的原因。

第1步：做记录

首先，我询问了埃米莉的日常生活，包括她的饮食情况，结果发现，她每周有两个晚上要去上游泳课，这意味着她很晚才能回家。而且在回家的路上，她一般还会在车里大吃三明治。

我要求她的父母开始记录孩子的日常活动，包括她的饮食，以及夜里惊醒的日期。我建议他们在孩子睡不好觉的同时像侦探那样问自己："埃米莉在过去24小时里做了什么，吃了什么？"

第 2 步：思维场疗法（敲击疗法）

我把敲击疗法（详见第75页）教给了他们，并且让埃米莉一边想着床底下的怪物，一边做敲击治疗。随后，我建议她的父母每天早上和晚上都陪埃米莉做一次敲击治疗，至少持续一周。在晚上的那次治疗当中，埃米莉还可以在敲击的同时大声说出"积极的话语"。她选择的积极话语是："在我上床睡觉的时候，我想感到快乐、平静和放松。"接着，埃米莉又做了一轮敲击治疗，这一次，她对自己说的是："我想踏踏实实地睡到天亮。"

第 3 步：引导式视觉化疗法

我把改变那些可怕画面的方法教给了埃米莉。她能清楚地说出"床下怪物"的样子——它是绿色的，头顶有尖尖的角，嘴里有獠牙。首先，她借助魔法电视遥控器练习（详见第83页）把这幅画面调成了黑白色。接着，她又把那个怪物压扁，压得像纸一样扁。最后，她决定把纸对折，接着再对折一次。

我问她接下来想做什么，她不很确定，于是我给了她几个选项。最终，她选择想象自己在这张纸上写下"退回给发件人"几个字，接着拿到邮局投进邮筒。她想摆脱这个怪物，但又不想伤害它。

我让她闭上眼睛，继续为她做视觉化治疗，好让她在脑海里看到自己在做这件事。最后，她对结果感到非常满意。我告诉埃米莉，如果这个怪物晚上又回到了她的脑海里，那么她现在就知道该怎么做了——只需把画面调成黑白色，把怪物压扁，对折几次，接着塞进邮筒。

几周过后，埃米莉的睡眠状况好转了很多。定期敲击治疗降低了她的焦虑水平，而她得知就算床底下的怪物回来她也有办法应对后，怪物也就很少回来了。

通过每天做记录，埃米莉的父母也发现，孩子夜里睡不好与放学后上游泳课存在关联。每次游泳课结束后，她都会变得异常兴奋。此外，她在车上狼吞虎咽地吃三明治也对她夜里睡觉有不利影响。

我教给了他们避风港技术疗法（详见第79页），并且建议他们每晚睡前一起练习，以此来帮助埃米莉放松。她很快就学会了这种自我抚慰式的练习。每当夜里醒来，她都会自己练习，而不是喊爸爸妈妈。于是，全家人都睡得更好了。

注意：你也可以让孩子画一张怪物的图画，然后用不同颜色的笔在上面添加细节，改变它的样子，例如，让它开心地笑，或是让它变成一副滑稽可笑的模样。埃米莉的怪物是没有声音的，假如它发出某种声音的话，我还会鼓励埃米莉做控制音量练习（详见第87页）。

有的孩子虽然"觉得"床底下有怪物，却说不出怪物的样子和声音，这时就无法使用魔法电视遥控器练习了。遇到这种情况，我会让孩子用手指指出恐惧所在的身体部位，再用感受转向练习（详见第93页）来处理它。

你还可以鼓励孩子想象有卫士守在床边，阻止怪物靠近，他可以是孩子最喜欢的超级英雄，可以是某个电影或电视角色，也可以是家里的宠物。记住，这只是一个在想象中进行的练习，你并不需要每晚把家里的拉布拉多犬牵到孩子床边！

再补充一点

我非常希望你能觉得这本书中的信息对你有所帮助，我也希望你能从现在起把书中介绍的许多做法运用到你的日常生活当中。尽早让孩子拥有积极正面的思维方式能促使孩子学会如何保持心理健康。这么做不仅有益当下，而且能让孩子终身受益，所以非常值得。

我知道，很多父母都不想听到"每个孩子都不一样"这样的解释——要是能有一种"万应灵药"该有多好。不是每一种方法都适合所有的孩子，就算第一次不成功，也请不要灰心。你可以多多试验，并且根据需要做出修改。我希望这本书能丰富你解决问题的思路。

如同本书标题所示，书中的信息只是一些简易的救护措施。当然，你可能会发现，单单是这些措施就足以让你帮助孩子克服焦虑了。但是，假如你确实感到力有不逮，我还是建议你去寻求专业的帮助。

谨致以最美好的祝愿

艾丽西亚

致 谢

我很幸运地遇到了这个世界上的最聪明的一些人,并且接受了他们的培训,我非常感谢他们能把智慧和想法分享与我。有了他们,我才得以独立执业,并且想出了那些帮许多孩子解决了问题的办法。我首先感谢保罗·麦肯纳(Paul McKenna)"改变了我的生活",于是我才能继续为许多人去做同样的事;我还要感谢神经语言程序学(NLP)的共同创立者理查德·班德勒(Richard Bandler);感谢迈克尔·尼尔(Michael Neill)教给我"由内而外"的思维方式;感谢罗杰·卡拉汉(Roger Callahan)博士创立了敲击疗法(思维场疗法);感谢罗纳德·鲁登(Ronald Ruden)博士和他的兄弟史蒂文·鲁登(Steven Ruden)博士创立了避风港疗法;感谢奥利芙·希克莫特(Olive Hickmott)在教育领域的心理图像方面所做的工作;感谢汤姆·巴伯(Tom Barber)博士和桑德拉·韦斯特兰(Sandra Westland)博士教我心理治疗和催眠;我也感谢一直在深刻影响我的玛丽亚·蒙台梭利(Maria Montessori)博士所做的工作。

我还要感谢许多朋友和同事,与他们讨论想法总是非常愉快——哪怕只是只言片语，我都能从中学到新的东西，特别是托尼·麦金尼斯（Toni McGuinness）、米歇尔·帕瑞德（Michele Paradise）和斯蒂芬·辛普森（Stephen Simpson）博士。

我也要感谢Practical Inspiration出版社的艾莉森·琼斯（Alison Jones）耐心包容我没完没了地修改，感谢利兹·卡林顿（Liz Carrington）的艺术指导和艾米莉·卡尔南（Emily Calnan）的封面设计。

最后，我还要感谢我生命中的三盏明灯——乔治（George）、托马斯（Thomas）和克莱芒蒂娜（Clementine）。

《孩子的心理急救》成功日志

感谢你使用《孩子的心理急救》一书所配套的成功日志，其中包含如下内容：

1) 步骤1：问题是什么？这部分内容旨在帮助你找到问题，确定需要改变的具体事项及其优先级。

2) 步骤2：展望未来，明确目标。在这部分内容里，你将鼓励你的孩子看清问题解决后的未来图景。

3) 记录日志：你需要完成为期4周的日志记录：

- 饮食日志：我们的许多感觉都与吃了或没吃什么有关。这部分内容将帮你识别可能引发了焦虑情绪的食物和饮品。

- 活动日志：记录活动后的感觉将有助于改善现状。是学校里的某些科目引发了紧张，还是晚睡和睡眠不足导致问题加重？

- 练习与疗法日志：在这部分内容里，你可以记录使用书中各种练习和疗法的效果。

- 检查清单：你可以在这里记录每位家人的感受，包括你自己。你有没有发现情况有改善？你需要其他帮助吗？如果答案是肯定的，那就要仔细想想你到底需要什么。

步骤1：问题是什么？

本节旨在帮你确定问题。问题越具体，效果越好。假如孩子的问题是怕狗，那么他是怕所有的狗吗？还是只怕某几只狗？这一问题具体发生在什么地方？是公园还是朋友家？你怎么知道他怕狗？他有什么表现？

假如孩子的问题是害怕考试，那么他是所有科目都怕呢？还是只害怕一两门？他的焦虑表现在哪些方面？影响晚上睡觉吗？会哭吗？复习当中遇到困难了吗？是不是一进考场大脑就一片空白？有没有在想到升学或求职时怀疑自己，缺乏自信？

把大问题分解成小问题，这么做能帮你认清解决问题所需的资源。这份表格帮你做到这一点。想想问题何时何地出现，以及孩子的具体表现。

1. _____
2. _____
3. _____
4. _____
5. _____
6. _____
7. _____
8. _____
9. _____
10. _____

步骤2：展望未来，明确目标

在这一部分，鼓励你的孩子设想问题解决后的情形。孩子很可能一直盯着问题的消极方面以及他想要回避的东西，现在你应该帮想想摆脱焦虑后的崭新未来会是什么样子。

孩子对自己想要的感觉描述得越具体、越清晰，成功的概率就越大。有时，孩子会在语言表达方面遇到困难，这时你可以帮他。

孩子常会觉得自己并没有特别想要的感觉，只想赶走焦虑和痛苦。

你们可以一起回答下面的问题，制定出一个明确的目标。更多信息详见第5章。

查看第5章以更好地回答下面的问题。

1. 最终目标是用积极的方式来表达的吗？请把它写在下面：

2. 你自己能实现这个目标吗，还是需要身边的人帮助？找出你需要的所有资源。

3. 目标将如何实现？在何时、何地、以何种方式、由谁来实现？

4. 孩子如何知道自己已经达到目标？谈谈未来的样子。问题解决后，他会看到、听到、感觉到什么？

饮食日志：第 1 周

在帮助孩子克服焦虑和恐惧情绪时，记录孩子吃过、喝过的所有食物和饮品是有用的。你可以在《孩子的心理急救》一书中了解更多相关信息。记住，甜食会使体内血糖飙升，这种感觉与焦虑得到证实，因为两者之间的关联已经非常相似。你可能会发现，大吃大喝过后，孩子的焦虑情绪会明显加重。

	星期一	星期二	星期三	星期四	星期五	星期六	星期日
早餐	时间：	时间：	时间：	时间：	时间：	时间：	时间：
加餐	时间：	时间：	时间：	时间：	时间：	时间：	时间：
午餐	时间：	时间：	时间：	时间：	时间：	时间：	时间：
加餐	时间：	时间：	时间：	时间：	时间：	时间：	时间：
晚餐	时间：	时间：	时间：	时间：	时间：	时间：	时间：
饮品（喝什么？喝多少？）							

饮食日志：第 2 周

在帮助孩子克服焦虑和恐惧情绪时，记录孩子吃过、喝过的所有食物和饮品是有用的，因为两者之间的关联已经得到证实。你可以在《孩子的心理急救》一书中了解更多相关信息。记住，甜食会使体内血糖飙升，这种感觉与焦虑非常相似。你可能会发现，大吃大喝过后，孩子的焦虑情绪会明显加重。

	星期一	星期二	星期三	星期四	星期五	星期六	星期日
早餐	时间：	时间：	时间：	时间：	时间：	时间：	时间：
加餐	时间：	时间：	时间：	时间：	时间：	时间：	时间：
午餐	时间：	时间：	时间：	时间：	时间：	时间：	时间：
加餐	时间：	时间：	时间：	时间：	时间：	时间：	时间：
晚餐	时间：	时间：	时间：	时间：	时间：	时间：	时间：
饮品（喝什么？喝多少？）							

饮食日志：第 3 周

在帮助孩子克服焦虑和恐惧情绪时，记录孩子吃过、喝过的所有食物和饮品是有用的，因为两者之间的关联已经得到证实。你可以在《孩子的心理急救》一书中了解更多相关信息。记住，甜食会使体内血糖飙升，这种感觉与焦虑非常相似。你可能会发现，大吃大喝过后，孩子的焦虑情绪会明显加重。

	星期一	星期二	星期三	星期四	星期五	星期六	星期日
早餐	时间：	时间：	时间：	时间：	时间：	时间：	时间：
加餐	时间：	时间：	时间：	时间：	时间：	时间：	时间：
午餐	时间：	时间：	时间：	时间：	时间：	时间：	时间：
加餐	时间：	时间：	时间：	时间：	时间：	时间：	时间：
晚餐	时间：	时间：	时间：	时间：	时间：	时间：	时间：
饮品（喝什么？喝多少？）							

饮食日志：第 4 周

在帮助孩子克服焦虑和恐惧情绪时，记录孩子吃过、喝过的所有食物和饮品是有用的，因为两者之间的关联已经得到证实。你可以在《孩子的心理急救》一书中了解更多相关信息。记住，甜食会使体内血糖飙升，这种感觉与焦虑非常相似。你可能会发现，大吃大喝过后，孩子的焦虑情绪会明显加重。

	星期一	星期二	星期三	星期四	星期五	星期六	星期日
早餐	时间：	时间：	时间：	时间：	时间：	时间：	时间：
加餐	时间：	时间：	时间：	时间：	时间：	时间：	时间：
午餐	时间：	时间：	时间：	时间：	时间：	时间：	时间：
加餐	时间：	时间：	时间：	时间：	时间：	时间：	时间：
晚餐	时间：	时间：	时间：	时间：	时间：	时间：	时间：
饮品（喝什么？喝多少？）							

活动日志：第1周

请记录你们的日常活动，这将有助于你发现日常发生的事情与焦虑发作之间的关联。请注明孩子在学校的活动情况，是在教室上课还是参加运动、考试或课后排练等其他活动。请记录旅行、聚会、到朋友家做客或休息日在家休息等情况。此外还应记录睡前的活动，例如，有没有看手机、平板电脑和社交媒体，或者有没有舒服服服地洗个澡。

你还可以利用这部分日志鼓励孩子记录每天发生的三件好事。可以是简单的事情，例如，看最喜欢的电视节目，吃最喜欢的饭菜或其他有趣的事情。让孩子养成积极思考的习惯将有助于他克服各种问题和困难。你可以翻到第9章了解更多相关信息。

	星期一	星期二	星期三	星期四	星期五	星期六	星期日
上午的活动							
下午的活动							
晚上的活动							
睡前的活动							
今天发生的三件好事							

活动日志：第 2 周

请记录你们的日常活动，这将有助于你发现日天发生的事情与焦虑发作之间的关联。请注明孩子在学校的活动情况，是在教室上课还是参加运动、考试或课后排练等其他活动。请记录旅行、聚会、到朋友家做客或休息日在家休息等情况。此外还应记录睡前的活动，例如，有没有看手机、平板电脑和社交媒体，或者有没有舒舒服服地洗个澡。你还可以利用这部分日志鼓励孩子记录每天发生的三件好事情。可以是简单的事情，例如，看最喜欢的电视节目，吃最喜欢的蔬菜或其他有趣的事情。让孩子养成积极思考的习惯将有助于他克服各种问题和困难。你可以翻到第9章了解更多相关信息。

	星期一	星期二	星期三	星期四	星期五	星期六	星期日
上午的活动							
下午的活动							
晚上的活动							
睡前的活动							
今天发生的三件好事情							

活动日志：第 3 周

请记录你们的日常活动，这将有助于你发现白天发生的事情与焦虑发作之间的关联。请注明孩子在学校的活动情况，是在教室上课还是参加运动、考试或课后排练等其他活动。请记录旅行、聚会、到朋友家做客或休息日在家休息等情况。此外还应记录睡前的活动，例如，有没有看手机、平板电脑和社交媒体，或者有没有舒服服帖地洗个澡。你还可以利用这部分日志鼓励孩子记录每天发生的三件好事情。可以是简单的事情，例如，看最喜欢的电视节目、吃最喜欢的饭菜或其他有趣的事情。让孩子养成积极思考的习惯将有助于他克服各种问题和困难。你可以翻到第9章了解更多相关信息。

	星期一	星期二	星期三	星期四	星期五	星期六	星期日
上午的活动							
下午的活动							
晚上的活动							
睡前的活动							
今天发生的三件好事情							

活动日志：第 4 周

请记录你们的日常活动，这将有助于你发现白天发生的事情与焦虑发作之间的关联。请注明孩子在学校的活动情况，是在教室上课还是参加运动，考试或课后排练等其他活动。请记录旅行，聚会，到朋友家做客或休息日在家休息等情况。此外还应记录睡前的活动，例如，有没有看手机，平板电脑和社交媒体，或者有没有舒服地洗个澡。你还可以利用这部分日志鼓励孩子记录每天发生的三件好事情。可以是简单的事情，例如，看最喜欢的电视节目，吃最喜欢的饭菜或其他有趣的事情。让孩子养成积极思考的习惯将有助于他克服各种问题和困难。你可以翻到第 9 章了解更多相关信息。

	星期一	星期二	星期三	星期四	星期五	星期六	星期日
上午的活动							
下午的活动							
晚上的活动							
睡前的活动							
今天发生的三件好事情							

练习与疗法日志：第 1 周

你可以利用这部分日志追踪使用书中各种练习和疗法的效果，了解哪些措施最有用。例如，如果孩子做噩梦，你就可以每晚使用敲击疗法和魔法电视遥控器练习各一周。酌情在方框内打钩。

	星期一	星期二	星期三	星期四	星期五	星期六	星期日
呼吸与放松练习							
正念疗法							
担忧盒子练习							
积极思考：记录练习							
畅想未来练习							
魔法电视遥控器练习							
改变可怕的画面练习							
控制音量练习							
停止按钮练习							
感受转向练习							
和解练习							
建立自信的心锚练习							
感受自信练习							
思维操场疗法：敲击疗法							
避风港疗法							

练习与疗法日志：第 2 周

你可以利用这部分日志追踪使用书中各种练习和疗法的效果，了解哪些措施最有用。例如，如果孩子做噩梦，你就可以每晚使用敲击疗法和魔法电视遥控器练习各一周。酌情在方框内打钩。

	星期一	星期二	星期三	星期四	星期五	星期六	星期日
呼吸与放松练习							
正念疗法							
担忧盒子练习							
积极思考：记录练习							
畅想未来练习							
魔法电视遥控器练习							
改变可怕的画面练习							
控制音量练习							
停止按钮练习							
感受转向练习							
和解练习							
建立自信的心锚练习							
感受自信练习							
思维场疗法：敲击疗法							
避风港疗法							

练习与疗法日志：第 3 周

你可以利用这部分日志追踪使用书中各种练习和疗法的效果，了解哪些措施最有用。例如，如果孩子做噩梦，你就可以每晚使用敲击疗法和魔法电视遥控器练习各一周。酌情在方框内打钩。

	星期一	星期二	星期三	星期四	星期五	星期六	星期日
呼吸与放松练习							
正念疗法							
担忧盒子练习							
积极思考：记录练习							
畅想未来练习							
魔法电视遥控器练习							
改变可怕的画面练习							
控制音量练习							
停止按钮练习							
感受转向练习							
和解练习							
建立自信的心锚练习							
感受自信练习							
思维操场疗法：敲击疗法							
避风港疗法							

练习与疗法日志：第 4 周

你可以利用这部分日志追踪使用书中各种练习和疗法的效果，了解哪些措施最有用。例如，如果孩子做噩梦，你就可以在每晚使用戴击疗法和魔法电视遥控器练习各一周。酌情在方框内打钩。

	星期一	星期二	星期三	星期四	星期五	星期六	星期日
呼吸与放松练习							
正念疗法							
担忧盒子练习							
积极思考：记录练习							
畅想未来练习							
魔法电视遥控器练习							
改变可怕的画面练习							
控制音量练习							
停止按钮练习							
感受转向练习							
和解练习							
建立自信的心锚练习							
感受自信练习							
思维场疗法							
避风港疗法：戴击疗法							

检查清单：第 1 周

记录你对问题改善的感受往往能更好地帮助孩子克服焦虑情绪。

在这部分日志中，你也可以记录其他任何重要信息，例如孩子玩了多久电脑游戏或手机，以及孩子是否存在家庭作业、交朋友等方面的问题。还有，一定要记下当天发生的所有好事情！

	星期一	星期二	星期三	星期四	星期五	星期六	星期日
今天情况怎么样？							
家里气氛如何？							
孩子情绪如何？							
其他人感受如何？							

检查清单：第 2 周

记录你对问题改善的感受往往能更好地帮助孩子克服焦虑情绪。
在这部分日志中，你也可以记录其他任何重要信息，例如孩子玩了多久电脑游戏或手机，以及孩子是否存在家庭作业、交朋友等方面的问题。还有，一定要记下当天发生的所有好事情！

	星期一	星期二	星期三	星期四	星期五	星期六	星期日
今天情况怎么样？							
家里气氛如何？							
孩子情绪如何？							
其他人感受如何？							

检查清单：第 3 周

记录你对问题改善的感受任在能更好地帮助孩子克服焦虑情绪。

在这部分日志中，你也可以记录其他任何重要信息，例如孩子玩了多久电脑游戏或手机，以及孩子是否存在家庭作业、交朋友等方面的问题。还有，一定要记下当天发生的所有好事情！

	星期一	星期二	星期三	星期四	星期五	星期六	星期日
今天情况怎么样？							
家里气氛如何？							
孩子情绪如何？							
其他人感受如何？							

检查清单：第 4 周

记录你对问题改善的感受往往能更好地帮助孩子克服焦虑感情绪。在这部分日志中，你也可以记录其他任何重要信息，例如孩子玩了多久电脑游戏或手机，以及孩子是否存在家庭作业、交朋友等方面的问题。还有，一定要记下当天发生的所有好事情！

	星期一	星期二	星期三	星期四	星期五	星期六	星期日
今天情况怎么样？							
家里气氛如何？							
孩子情绪如何？							
其他人感受如何？							

《正面管教》

如何不惩罚、不娇纵地有效管教孩子

畅销美国 400 多万册　被翻译为 16 种语言畅销全球
中文版畅销已超 500 万册

自 1981 年本书第一版出版以来，《正面管教》已经成为管教孩子的"黄金准则"。正面管教是一种既不惩罚也不娇纵的管教方法……孩子只有在一种和善而坚定的气氛中，才能培养出自律、责任感、合作以及自己解决问题的能力，才能学会使他们受益终生的社会技能和人生技能，才能取得良好的学业成绩……如何运用正面管教方法使孩子获得这种能力，就是这本书的主要内容。

简·尼尔森，教育学博士，杰出的心理学家、教育家，加利福尼亚婚姻和家庭执业心理治疗师，美国"正面管教协会"的创始人。曾经担任过10年的有关儿童发展的小学、大学心理咨询教师，是众多育儿及养育杂志的顾问。

[美] 简·尼尔森　著
玉冰　译
北京联合出版公司
定价：38.00 元

《正面管教 A-Z》

日常养育难题的 1001 个解决方案

家庭教育畅销书《正面管教》作者力作
以实例讲解不惩罚、不娇纵管教孩子的"黄金准则"

无论你多么爱自己的孩子，在日常养育中，都会有一些让你愤怒、沮丧的时刻，也会有让你绝望的时候。

你是怎么做的？

本书译自英文原版的第3版（2007年出版），包括了最新的信息。你会从中找到不惩罚、不娇纵地解决各种日常养育挑战的实用办法。主题目录，按照A-Z的汉语拼音顺序排列，方便查找。你可以迅速找到自己面临的问题，挑出来阅读；也可以通读整本书，为将来可能遇到的问题及其预防做好准备。每个养育难题，都包括6步详细的指导：理解你的孩子、你自己和情形，建议，预防问题的出现，孩子们能够学到的生活技能，养育要点，开阔思路。

[美] 简·尼尔森　琳·洛特
　　斯蒂芬·格伦　著
花莹莹　译
北京联合出版公司
定价：45.00 元

《0~3岁孩子的正面管教》

养育0~3岁孩子的"黄金准则"

家庭教育畅销书《正面管教》作者力作

从出生到3岁，是对孩子的一生具有极其重要影响的3年，是孩子的身体、大脑、情感发育和发展的一个至关重要的阶段，也是会让父母们感到疑惑、劳神费力、充满挑战，甚至艰难的一段时期。

正面管教是一种有效而充满关爱、支持的养育方式，自1981年问世以来，已经成为了养育孩子的"黄金准则"，其理论、理念和方法在全世界各地都被越来越多的父母和老师们接受，受到了越来越多父母和老师们的欢迎。

本书全面、详细地介绍了0~3岁孩子的身体、大脑、情感发育和发展的特点，以及如何将正面管教的理念和工具应用于0~3岁孩子的养育中。它将给你提供一种有效而充满关爱、支持的方式，指导你和孩子一起度过这忙碌而令人兴奋的三年。

无论你是一位父母、幼儿园老师，还是一位照料孩子的人，本书都会使你和孩子受益终生。

[美] 简·尼尔森
谢丽尔·欧文
罗丝琳·安·达菲 著
花莹莹 译
北京联合出版公司
定价：42.00 元

《3~6岁孩子的正面管教》

养育3~6岁孩子的"黄金准则"

家庭教育畅销书《正面管教》作者力作

3~6岁的孩子是迷人、可爱的小人儿。他们能分享想法、显示出好奇心、运用崭露头角的幽默感、建立自己的人际关系，并向他们身边的人敞开喜爱和快乐的怀抱。他们还会固执、违抗、令人困惑并让人毫无办法。

正面管教会教给你提供有效而关爱的方式，来指导你的孩子度过这忙碌并且充满挑战的几年。

无论你是一位父母、一位老师或一位照料孩子的人，你都能从本书中发现那些你能真正运用，并且能帮助你给予孩子最好的人生起点的理念和技巧。

[美] 简·尼尔森
谢丽尔·欧文
罗丝琳·安·达菲 著
娟子 译
北京联合出版公司
定价：42.00 元

《十几岁孩子的正面管教》

教给十几岁的孩子人生技能

家庭教育畅销书《正面管教》作者力作
养育十几岁孩子的"黄金准则"

度过十几岁的阶段，对你和你的青春期的孩子来说，可能会像经过一个"战区"。青春期是成长中的一个重要过程。在这个阶段，十几岁的孩子会努力探究自己是谁，并要独立于父母。你的责任，是让自己十几岁的孩子为人生做好准备。

问题是，大多数父母在这个阶段对孩子采用的养育方法，使得情况不是更好，而是更糟了……

本书将帮助你在一种肯定你自己的价值、肯定孩子价值的相互尊重的环境中，教育、支持你的十几岁的孩子，并接受这个过程中的挑战，帮助你的十几岁孩子最大限度地成为具有高度适应能力的成年人。

[美] 简·尼尔森
琳·洛特 著
尹莉莉 译
北京联合出版公司出版
定价：35.00 元

《教室里的正面管教》

培养孩子们学习的勇气、激情和人生技能

家庭教育畅销书《正面管教》作者力作
造就理想班级氛围的"黄金准则"
本书入选中国教育新闻网、中国教师报联合推荐
2014 年度"影响教师 100 本书"TOP10

很多人认为学校的目的就是学习功课，而各种纪律规定应该以学生取得优异的学习成绩为目的。因此，老师们普遍实行的是以奖励和惩罚为基础的管教方法，其目的是为了控制学生。然而，研究表明，除非教给孩子们社会和情感技能，否则他们学习起来会很艰难，并且纪律问题会越来越多。

正面管教是一种不同的方式，它把重点放在创建一个相互尊重和支持的班集体，激发学生们的内在动力去追求学业和社会的成功，使教室成为一个培育人、愉悦和快乐的学习和成长的场所。

这是一种经过数十年实践检验，使全世界数以百万计的教师和学生受益的黄金准则。

[美] 简·尼尔森 琳·洛特
斯蒂芬·格伦 著
梁帅 译
北京联合出版公司出版
定价：30.00 元

《正面管教教师指南 A-Z》

教室里行为问题的 1001 个解决方案

家庭教育畅销书《正面管教》作者力作
以实例讲解造就理想班级氛围的"黄金准则"

[美] 简·尼尔森
　　琳达·埃斯科巴
　　凯特·奥托兰
　　罗丝琳·安·达菲
　　黛博拉·欧文 – 索科奇　著
郑淑丽　译
北京联合出版公司出版
定价：55.00 元

本书包括两个部分：

第一部分，介绍的是正面管教的基本原理和基本方法，包括鼓励、错误目的、奖励和惩罚、和善而坚定、社会责任感、分派班级事务、积极的暂停、特别时光、班会，等等。

第二部分，是教室里常见的各种行为问题及其处理方法，按照A-Z的汉语拼音顺序排列，以方便查找。你可以迅速找到自己面临的问题，有针对性地阅读，立即解决自己的难题；也可以通读本书，为将来可能遇到的问题及其预防做好准备。

每个行为问题及其解决，基本都包括5个部分：
- 讨论。就一个具体行为问题出现的情形及原因进行讨论。
- 建议。依据正面管教的理论和原则，给出解决问题的建议。
- 提前计划，预防未来的问题。着眼于如何预防问题的发生。
- 用班会解决问题。老师和学生们用班会解决相应问题的真实故事。
- 激发灵感的故事。老师和学生们用正面管教工具解决相关问题的真实故事。

《正面管教教师工具》

造就理想班级氛围的有效工具
让学生掌握社会—情感技能、
取得学业成功的 44 种有效方法

家庭教育畅销书《正面管教》作者力作

[美] 简·尼尔森
　　凯莉·格夫洛埃尔　著
胡海霞　胡美艳　译
北京联合出版公司出版
定价：45.00 元

如何处理学生的不良行为，是教师们经常会遇到的一个巨大挑战。他们通常的做法是惩罚不良行为，奖励好行为。然而，研究表明，无论惩罚还是奖励，都会降低学生的内在动力、合作精神、自控力，以及独立解决问题的能力。

在本书中，作者将以阿德勒心理学为基础的正面管教方法，具体化为教师们在日常教学中可以实际应用的44个工具，每个工具都有具体的说明和世界各地的教师运用该工具解决问题的实例，以及心理学和各种研究的依据。帮助老师们不惩罚、不娇纵地有效管教班级，解决班级管理中遇到的各种令人头疼的问题，最终培养出孩子们的自律、责任感、合作以及自己解决问题的能力，并取得学业的成功。

《正面管教教师工具卡》

教室管理的52个工具

家庭教育畅销书《正面管教》作者力作

　　该套卡片是将《正面管教》在教室里的运用,以卡片的形式呈现出来。在每张卡片上有对应工具的简要介绍,以及具体的使用方法和相关示例,在卡片后还配有一副形象而生动的插图。

　　该套卡片既适合教师单独集中时间学习,也适合与其他教师共同讨论。既可以放置于办公桌上,也可以随身携带,随时使用。它是尼尔森博士为教师量身定制的"工具百宝箱"。

[美]简·尼尔森
　　凯莉·格夫洛埃尔
　　阿伦·巴考尔
　　比尔·肖尔 著
张宏武 译
北京联合出版公司出版
定价:35.00元

《正面管教养育工具》

赋予孩子力量、培养孩子能力的49种有效方法

家庭教育畅销书《正面管教》作者力作
不惩罚、不娇纵养育孩子的有效工具

　　正面管教是一种不惩罚、不娇纵的管教孩子的方式,是为了培养孩子们的自律、责任感、合作能力,以及自己解决问题的能力,让他们学会受益终生的社会技能和人生技能,并取得良好的学业成绩。

　　1981年,简·尼尔森博士出版《正面管教》一书,使正面管教的理念逐渐为越来越多的人接受并奉行。如今,正面管教已经成了管教孩子的"黄金准则"。其理念和方法已经传播到将近70个国家和地区,包括美国、英国、冰岛、荷兰、德国、瑞士、法国、摩洛哥、西班牙、墨西哥、厄瓜多尔、哥伦比亚、秘鲁、智利、巴西、加拿大、中国、埃及、韩国。由简·尼尔森博士作为创始人的"正面管教协会",如今已经有了法国分会和中国分会。

　　本书对经过多年实际检验的49个最有效的正面管教养育工具作了详细介绍。

[美]简·尼尔森
　　玛丽·尼尔森·坦博斯基
　　布拉德·安吉 著
花莹莹 杨淼 张丛林 林展 译
北京联合出版公司出版
定价:42.00元

《单亲家庭的正面管教》

让单亲家庭的孩子健康、快乐、茁壮成长

家庭教育畅销书《正面管教》作者力作
单亲父母养育孩子的"黄金准则"

单亲家庭不是"破碎的家庭",单亲家庭的孩子也不是注定会失败和令人失望的,有了努力、爱和正面管教养育技能,单亲父母们就能够把自己的孩子培养成有能力的、满足的、成功的人,让单亲家庭成为平静、安全、充满爱的家,而单亲父母自己也会成为一位更健康、平静的父母——以及一个更快乐的人。

《单亲家庭的正面管教》是家庭教育畅销书《正面管教》作者简·尼尔森的又一力作。自从《正面管教》于1981年出版以来,正面管教理念已经成为养育孩子的"黄金准则",让全球数以百万计的父母、孩子、老师获益。

《单亲家庭的正面管教》是简·尼尔森博士与另外两位作者详细介绍如何将正面管教的理念和工具用于单亲家庭的一部杰作。

[美] 简·尼尔森 谢丽尔·欧文
卡萝尔·德尔泽尔 著
杨森 张丛林 林展 译
北京联合出版公司
定价:37.00元

《特殊需求孩子的正面管教》

帮助孩子学会有价值的社会和人生技能

家庭教育畅销书《正面管教》作者力作

每一个孩子都应该有一个幸福而充实的人生。特殊需求的孩子们有能力积极成长和改变。

运用正面管教的理念和工具,特殊需求的孩子们就能够培养出一种越来越强的能力,为自己的人生承担起责任。在这个过程中,他们会与自己的家里、学校里和群体里的重要的人建立起深入的、令人满意的、合作的关系,从而实现自己的潜能。

[美] 简·尼尔森 史蒂文·福斯特
艾琳·拉斐尔 著
甄颖 译
北京联合出版公司
定价:32.00元

《正面管教工具卡》

提高养育技能的 52 张卡片

家庭教育畅销书《正面管教》作者力作

该套卡片是将《正面管教》在实际中的运用，以卡片的形式呈现出来。在每张卡片上有对相应工具的简要介绍，以及具体的使用办法和相关示例，在卡片上还配有一幅形象而生动的插图。

1981年，简·尼尔森博士出版《正面管教》一书，使正面管教的理念逐渐为越来越多的人接受并奉行。如今，正面管教已经成了管教孩子的"黄金准则"。其理念和方法已经传播到将近70个国家和地区，包括：美国、英国、冰岛、荷兰、德国、瑞士、法国、摩洛哥、西班牙、墨西哥、厄瓜多尔、哥伦比亚、秘鲁、智利、巴西、加拿大、中国、埃及、韩国。

[美]简·尼尔森
  艾德里安·加西亚 著
[美]葆拉·格雷 绘
张宏武 译
定价：35.00元

《孩子，把你的手给我》

与孩子实现真正有效沟通的方法

**畅销美国 500 多万册的教子经典，以 31 种语言畅销全世界
彻底改变父母与孩子沟通方式的巨著**

本书自2004年9月由京华出版社自美国引进以来，仅依靠父母和老师的口口相传，就一直高居当当网、卓越网的排行榜。

吉诺特先生是心理学博士、临床心理学家、儿童心理学家、儿科医生；纽约大学研究生院兼职心理学教授、艾德尔菲大学博士后。吉诺特博士的一生并不长，他将其短短的一生致力于儿童心理的研究以及对父母和教师的教育。

父母和孩子之间充满了无休止的小麻烦、阶段性的冲突，以及突如其来的危机……我们相信，只有心理不正常的父母才会做出伤害孩子的反应。但是，不幸的是，即使是那些爱孩子的、为了孩子好的父母也会责备、羞辱、谴责、嘲笑、威胁、收买、惩罚孩子，给孩子定性，或者对孩子唠叨说教……当父母遇到需要具体方法解决具体问题时，那些陈词滥调，像"给孩子更多的爱"、"给她更多关注"或者"给他更多时间"是毫无帮助的。

多年来，我们一直在与父母和孩子打交道，有时是以个人的形式，有时是以指导小组的形式，有时以养育讲习班的形式。这本书就是这些经验的结晶。这是一个实用的指南，给所有面临日常状况和精神难题的父母提供具体的建议和可取的解决方法。

——摘自《孩子，把你的手给我》一书的"引言"

[美]海姆·G·吉诺特 著
张雪兰 译
北京联合出版公司
定价：32.00元

《孩子，把你的手给我（Ⅱ）》
与十几岁孩子实现真正有效沟通的方法

《孩子，把你的手给我》作者的又一部巨著
彻底改变父母与十几岁孩子的沟通方式

本书是海姆·G·吉诺特博士的又一部经典著作，连续高踞《纽约时报》畅销书排行榜25周，并被翻译成31种语言畅销全球，是父母与十几岁孩子实现真正有效沟通的圣经。

十几岁是一个骚动而混乱、充满压力和风暴的时期，孩子注定会反抗权威和习俗——父母的帮助会被怨恨，指导会被拒绝，关注会被当做攻击。海姆·G·吉诺特博士就如何对十几岁的孩子提供帮助、指导、与孩子沟通提供了详细、有效、具体、可行的方法。

[美] 海姆·G·吉诺特 著
张雪兰 译
北京联合出版公司
定价：26.00元

《孩子，把你的手给我（Ⅲ）》
老师与学生实现真正有效沟通的方法

《孩子，把你的手给我》作者最后一部经典巨著
以31种语言畅销全球
彻底改变老师与学生的沟通方式
美国父母和教师协会推荐读物

本书是海姆·G·吉诺特博士的最后一部经典著作，彻底改变了老师与学生的沟通方式，是美国父母和教师协会推荐给全美教师和父母的读物。

老师如何与学生沟通，具有决定性的重要意义。老师们需要具体的技巧，以便有效而人性化地处理教学中随时都会出现的事情——令人烦恼的小事、日常的冲突和突然的危机。在出现问题时，理论是没有用的，有用的只有技巧，如何获得这些技巧来改善教学状况和课堂生活就是本书的主要内容。

书中所讲述的沟通技巧，不仅适用于老师与学生、家长与孩子之间的交流，而且也可以灵活运用于所有的人际交往中，是一种普遍适用的沟通技巧。

[美] 海姆·G·吉诺特 著
张雪兰 译
北京联合出版公司
定价：35.00元

《如何培养孩子的社会能力》

教孩子学会解决冲突和与人相处的技巧

简单小游戏　成就一生大能力
美国全国畅销书（The National Bestseller）
荣获四项美国国家级大奖的经典之作
美国"家长的选择（Parents'Choice Award）"图书奖

[美] 默娜·B. 舒尔
特里萨·弗伊·
迪吉若尼莫　著
张雪兰　译
北京联合出版公司
定价：30.00 元

社会能力就是孩子解决冲突和与人相处的能力，人是社会动物，没有社会能力的孩子很难取得成功。舒尔博士提出的"我能解决问题"法，以教给孩子解决冲突和与人相处的思考技巧为核心，在长达30多年的时间里，在全美各地以及许多其他国家，让家长和孩子们获益匪浅。与其他的养育办法不同，"我能解决问题"法不是由家长或老师告诉孩子怎么想或者怎么做，而是通过对话、游戏和活动等独特的方式教给孩子自己学会怎样解决问题，如何处理与朋友、老师和家人之间的日常冲突，以及寻找各种解决办法并考虑后果，并且能够理解别人的感受。让孩子学会与人和谐相处，成长为一个社会能力强、充满自信的人。

默娜·B.舒尔博士，儿童发展心理学家，美国亚拉尼大学心理学教授。她为家长和老师们设计的一套"我能解决问题"训练计划，以及她和乔治·斯派维克（George Spivack）一起所做出的开创性研究，荣获了一项美国心理健康协会大奖、三项美国心理学协会大奖。

《如何培养孩子的社会能力（II）》

教8～12岁孩子学会解决冲突和与人相处的技巧

全美畅销书《如何培养孩子的社会能力》作者的又一部力作！
让怯懦、内向的孩子变得勇敢、开朗！
让脾气大、攻击性强的孩子变得平和、可亲！
培养一个快乐、自信、社会适应能力强、情商高的孩子

[美] 默娜·B. 舒尔　著
刘荣杰　译
北京联合出版公司
定价：35.00 元

8～12岁，是孩子进入青春期反叛之前的一个重要时期，是孩子身体、行为、情感和社会能力发展的一个重要分水岭。同时，这也是父母的一个极好的契机——教会孩子自己做出正确决定，自己解决与同龄人、老师、父母的冲突，培养一个快乐、自信、社会适应能力强、情商高的孩子——以便孩子把精力更多地集中在学习上，为他们期待而又担心的中学生活做好准备。

本书详细、具体地介绍了将"我能解决问题"法运用于8～12岁孩子的方法和效果。

《如何培养孩子的社会能力（Ⅲ）》

荣获美国4项心理学大奖的"我能解决问题"法在107个情景中的运用

教孩子学会解决冲突和与人相处的技巧

这是全美畅销书《如何培养孩子的社会能力》作者默娜·B.舒尔博士的又一部力作。在本书中，舒尔博士将荣获美国4项心理学大奖的"我能解决问题"法运用到孩子生活中的107个重要情景，围绕处理感受、处理并预防问题、在家里培养孩子与人相处的能力、培养人生技能四个主题，向父母们介绍如何培养孩子解决冲突和与人相处的能力和技巧。

社会能力就是孩子解决冲突和与人相处的能力，人是社会动物，没有社会能力的孩子很难取得成功。

舒尔博士提出的"我能解决问题"法，以教给孩子解决冲突和与人相处的思考技巧为核心，在长达30多年的时间里，在美国各地以及世界其他国家，让家长和孩子们获益匪浅。

[美] 默娜·B.舒尔 著
陆新爱 译
北京联合出版公司
定价：50元

《培养孩子大能力的210个活动》

让孩子具备在学校和人生中取得成就的品质

畅销美国30余万册 被4000多所幼儿园和小学采用

这是一本实用的家庭教育指南，专门为3~12岁的孩子设计，通过210个简单易行、有用有趣的活动，让孩子具备在学校和人生中取得成就的12种大能力：自信、积极性、努力、责任感、首创精神、坚持不懈、关爱、团队协作、常识、解决问题、专注、尊重。

美国前国务卿希拉里·克林顿、美国儿童权益保护协会创始人兼会长阿诺德·菲格、耶鲁大学心理学教授爱德华·齐格勒博士等权威人士人对本书赞誉有加。自出版以来，本书已经在美国卖出30多万册，被4000多所幼儿园和小学采用。

[美] 多萝茜·里奇 著
蒋玉国 陈吟静 译
北京联合出版公司
定价：45.00元

《如何读懂孩子的行为》

理解并解决孩子各种行为问题的方法

孩子为什么不好好吃、不好好睡？为什么尿床、随地大便？为什么说脏话？为什么撒谎、偷东西、欺负人？为什么不学习？……这些行为，都是孩子在以一种特殊的方式与父母沟通。

当孩子遇到问题时，他们的表达方式十分有限，往往用行为作为与大人沟通的一种方式……如何读懂孩子这些看似异常行为背后真实的感受和需求，如何解决孩子的这些问题，以及何时应该寻求专业帮助，就是本书的主要内容。

安吉拉·克利福德-波斯顿（Andrea Clifford-Poston），教育心理治疗师、儿童和家庭心理健康专家，在学校、医院和心理诊所与孩子和父母们打交道30多年；她曾在查林十字医院（Charing Cross Hospital，建立于1818年）的儿童发展中心担任过16年的主任教师，在罗汉普顿学院（Roehampton Institute）担任过多年音乐疗法的客座讲师，她还是《泰晤士报》"父母论坛"的长期客座专家，为众多儿童养育畅销杂志撰写专栏和文章，包括为"幼儿园世界（Nursery World）"撰写了4年专栏。

[美] 安吉拉·克利福德-波斯顿 著
王俊兰 译
北京联合出版公司
定价：32.00元

《孩子是如何学习的》

畅销美国200多万册的教子经典，以14种语言畅销全世界

孩子们有一种符合他们自己状况的学习方式，他们对这种方式运用得很自然、很好。这种有效的学习方式会体现在孩子的游戏和试验中，体现在孩子学说话、学阅读、学运动、学绘画、学数学以及其他知识中……对孩子来说，这是他们最有效的学习方式……

约翰·霍特（1923~1985），是教育领域的作家和重要人物，著有10本著作，包括《孩子是如何失败的》、《孩子是如何学习的》、《永远不太晚》、《学而不倦》。他的作品被翻译成14种语言。《孩子是如何学习的》以及它的姊妹篇《孩子是如何失败的》销售超过两百万册，影响了整整一代老师和家长。

[美] 约翰·霍特 著
张雪兰 译
北京联合出版公司
定价：30.00元

《帮助你的孩子爱上阅读》

0～16岁亲子阅读指导手册

没有阅读的童年是贫乏的——孩子将错过人生中最大的乐趣之一，以及阅读带来的巨大好处。

阅读不但是学习和教育的基础，而且是孩子未来可能取得成功的一个最重要的标志——比父母的教育背景或社会地位重要得多。这也是父母与自己的孩子建立亲情心理联结的一种神奇方式。

帮助你的孩子爱上阅读，是父母能给予自己孩子的一份最伟大的礼物，一份将伴随孩子一生的爱的礼物。

这是一本简单易懂而且非常实用的亲子阅读指导手册。作者根据不同年龄的孩子的发展特征，将0～16岁划分为0～4岁、5～7岁、8～11岁、12～16岁四个阶段，告诉父母们在各个年龄阶段应该如何培养孩子的阅读习惯，如何让孩子爱上阅读。

[美] 爱丽森·戴维 著
宋苗 译
北京联合出版公司
定价：26.00元

《守护孩子的精神健康》

儿童的精神卫生和人格培养

孩子的精神健康，比考试成绩重要一万倍！

孩子的精神健康，比考试成绩重要一万倍！

从精神卫生的角度来看，儿童在成长发展过程中，由于先天自身或者后天环境的因素，会受到各种情绪障碍和行为问题的困扰。因此，守护孩子的精神健康，培养一个人格健全的孩子，让他们远离精神疾患，是一个需要父母、老师长期关注和重视的问题。

作者通过儿童人格形成的理论并结合毕生临床实践，对行为表现出异常的孩子从诊断、病情、原因、预防、治疗等多角度进行了详细的分析和说明，告诉我们不论在什么情况下，对孩子进行单纯的说教、训斥、惩罚并不能真正解决问题。

如何根据孩子在人格发展过程中不同阶段的特点进行恰当的教育，本书提供了切实可行的办法。

日本著名儿科医生、儿童心理学家、儿童学研究会前会长平井信义教授力作，已再版44次的畅销经典！

[日] 平井信义 著
高英 译
北京联合出版公司
定价：59.00元

以上图书各大书店、书城、网上书店有售。

团购请垂询：010-65868687　13910966237

Email: marketing@tianluebook.com

更多畅销经典图书，请关注天略图书微信公众号"天略童书馆"、天猫商城"天略图书旗舰店"（https://tianluetushu.tmall.com/）及小红书账号"天略图书"。